JN137009

きもちつながる
異年齢保育

保育園・学童クラブの実践

編集代表
垣内 国光●柿田 雅子

『きもちつながる異年齢保育』多摩福祉会編集委員会
こぐま保育園・練馬区立向山保育園・
砧保育園・上北沢こぐま保育園
永山小学童クラブ・貝取学童クラブ・
永山学童クラブ・貝取小学童クラブ

かもがわ出版

は・じ・め・に

この本ができたのは、法人監事の柿田雅子先生のちょっとした発案がきっかけとなっています。「異年齢保育の本をつくってみようよ」と。私たちにとっては、日々、自然におこなっている保育が異年齢保育であり、外部に向かって私たちの保育を伝えていくという発想が乏しかったように思います。そんななかでの柿田先生の提案でした。画期的な提案でした。

実際、振り返ってみますと、多摩福祉会の本部と各施設には見学者や問い合わせが数多くあり、その最も多いのが異年齢保育の見学なのです。ありのままの実践をご覧いただいておりますが、異年齢保育実践の本があれば見学や学習の大きな助けになるのは間違いありません。

私たちは、異年齢保育はこうあるべきという固定的な目標を持って実践を重ねてきたわけではありません。本書は、異年齢の中で子ども自身がどのように生活し遊びを創造していくのか、子どもに学び続けてきた結果として実践がどのようなものなのか、それをまとめただけのものです。あるがままの私たちの実践をまとめています。

多摩福祉会初代理事長の浦辺史は、「子どもは未来」という言葉を残しています。多摩福祉会はこれからも、指導的教育的保育実践ではなく、子ども自身の多様性を尊重し、子ども同士で育ち合う実践、子どもに学ぶ実践・運営・経営を追求してまいります。

これからも関係者のみなさまのサポートをいただきたく思います。本書をご覧いただいて率直な感想をお寄せいただければ幸いです。

法人理事　垣内国光

きもちつながる異年齢保育 も・く・じ

□ 呼称および敬称について

本書の実践、事例では、子どもの個人情報の特定にならないように留意し、仮名（かめい）表記をこころがけています。また、ちゃん、くん、さんなどの敬称は、これまで長く保育の中で使われてきた敬称を踏襲しています。“ジェンダー”に関する対応を今後の課題にしていきます。

1章

現代社会において異年齢保育で育つ意義と保育園の役割

西田 健太

はじめに

私は保育士として働き始めてからすべての時間を異年齢保育とともに過ごしてきました。年齢別保育の経験は、大学時代の実習でしかありません。年齢別保育実践を深めておられる方々からすると違和感もあるかと思いますが、長く異年齢保育に携わって感じていることや学んだことを素直に表現できればと考えています。「これが正しい」ということではなく、あくまで一つの考え方だと受け止めていただき、読んでくださる方にとって参考になるものがあれば幸いです。

子どもの育ちと社会との関係性

異年齢保育について述べる前に、現代において子どもが育つことへの課題意識についてまとめさせていただきます。

まずは大前提として、子どもの人生の主体は子ども自身です。大人は、その子自身が自分で人生を豊かに生きていくことができるよう、支援する必要があります。よく考えてみると、赤ちゃん時代は主体性の塊です。要求があれば泣いて求め、眠くなったら眠る。その姿をありのままに大人が受け入れ、快の体験を積み重ねることで愛着が生まれ、人への基本的な信頼関係を築いていく。それが人間の根っこにあります。しかし、大きくなるにつれてできることも増えて喜びも増える反面、「この年齢では普通ここぐらいまでできるはず」と、発達段階という物差しと比較されることが増えていきがちです。「ありのままを認めたいのに、このままではこの先つらい思いをするのでは？」と葛藤する方も多いのではないでしょうか。そのような意識から、「この子の人生の責任は保護者である私にあるのだから、しっかり教育・指導していかないといけない」と、次第に人生の主体が保護者に移っていくという傾向があるのではないかと感じています。子育てすらも「自己責任」として切り捨てられてしまうような社会となっていることに、子どもの主体性を奪う問題の本質があるような気がしてなりません。

常に「社会に貢献できる優れた人間なのか？」という問いを、大人も子どもも自分に向け続け、社会が求める「あるべき姿」に達していないと「負け組」となり、ただ生きていくことも保障されない安心感のない社会で、人間が豊かに命をつないでいくことが脅かされています。

人間はいつもいつもがんばり続けることはできません。たまにはぐうたらして充電したり、愚痴を言ってすっきりすることも、元気に生き続けるためには大切です。常に立派な姿でいなくても、存在丸ごとをお互いに認めあえる環境を、今求めているのではないかと感じています。子どもたちが育つ上で、安心して生きていける環境を整える責任が大人にあると思います。行きすぎた「能力主義」「評価主義」社会を今こそ見直すべきではないでしょうか。

また、子どもが自分の人生の主体となるためには、当事者意識を育むことが大切です。自分の人生を選び取る自由と、それに伴う責任を体験することで、当事者意識が育まれていきます。失敗も成功も含めて、人生の主導権を子どもに還す必要があるのではないでしょうか。

Ⅱ 異年齢保育で育つ意義

① 保育で大切にしていること

まずは大きな視点として、私たちは、就学までを見通して「できる、できない」という発達保障や能力を育てることよりも、人としてどのように命をつないでいくのかという「生活」の視点を大切にしています。五感のすべてを働かせる豊かな生活を通して､「人間らしく」かかわりあいながら、人間関係のあり様が奥深く育まれるような保育。その人間関係が、大人から子どもへ、子どもから子どもへ、子どもから大人へと循環しながら「育ちあう」保育。人間も自然の一部であり、自然環境の中で豊かに生きる営みを大切にする感性をつないでいける保育を創造・追求し続けたいと思っています。そして、その土台が異年齢保育なのです。

また、子どもを取り巻く生活環境として、大人がいろいろな刺激を与えて「楽しませてあげる」ような生活ではなく、自分たちで「楽しみを生み出す」ことができる生活を大切にしたいと考えています。自然の中で工夫して遊ぶ体験や、活動に追われず自分の時間を満喫できる「余白のある生活」。暇や退屈と大切に付きあうことのできる生活の保障とも言えます。その余白の中で子どもは育ちます。その時間を奪わないよう、行事や日々の過ごし方や大人がねらいをもっておこなう活動とのバランスを意識しています。

そして、数年間同じ環境の中で過ごしていける安心安定も重要です。毎年同じ生活を繰り返していくことで、見通しをもった生活となります。「もうすぐお泊り保育だよ」と大人に言われて気づくのではなく、「もうすぐお泊り保育だね。どんなことしようかな～？」と子どもたち自身が気づいて主体的に生活をつくっていきます。生活自体が子どもたち自身の文化となり根づいていきます。

❷ 異年齢保育と年齢別保育の土台

異年齢保育の意義は何かと聞かれると、一般的には「小さい子は憧れを持ち、大きい子は思いやりが育つ」と話されることが多いかと思います。もちろんそれも一つありますが、その表現だけではものたりないといつも感じています。

乳幼児期の育ちというのは、その後の人生に多大な影響を及ぼすということが明らかになってきています。これは「人間」としてどのように生存していくか、生物の根源的なことにもつながる大きな事実だと認識しています。最近では、脳科学の研究も進み、特に乳児期に集団の中で育つことの優位性や、早期教育の弊害等も世界的に認知されるようになってきました。保育を考えることは、単に保護者が就労などの理由で育児できないから預かるという制度的な範囲を越えているのではないでしょうか。

私自身が異年齢保育に携わる中で、「保育方法論」としてとらえるというよりも、生物としての「人間」が育つ環境をどのようにとらえるかに視点が移っていきました。また、人としてどのように命をつないでいくか、AIにはない五感のすべてを働かせる豊かな生活を通して、人間らしく感情や感覚を深く交わらせながらかかわりあい育ちあうことが、これからの時代では特に大切ではないでしょうか。

そもそも人間は長い歴史の中で、狩猟採集民族として集落において協同で子どもを育ててきました。生態としてその必要性があったと考えられています。他の動物は生後間もなく自分で餌を探し回ることができますが、人間の子どもは何年も食べ物を与えられ、保護されながら育つという特性があります。赤ちゃんを連れながら母親だけで食べ物を探し回ることが難しいため、命をつないでいくためには集落の中で協同して子どもを育てていくことが必要だったということです。そしてそれは多様な年代で構成される異年齢集団での生活です。生き残るために異年齢集団での生活に適応するよう、遺伝子レベルで進化してきたと考えるのが自然ではないかと思うのです。

一方、同年齢で集団を分けて子どもを育てることは、おそらく学校制度からの流れを受けてのことではないでしょうか。学校では基本的に「一定年齢までにここまでの段階まで到達すべき」という価値観を土台にカリキュラムが立てられ、それを指導者が指導し評価するという構図となっています。このような教育システムが構造化されたのは、ここ数百年の歴史です。ましてや日本では明治時代以降であり、それ以前には地域に寺子屋が存在しており、異年齢で学びあい、個別教育がおこなわれていました。私は、近代に入ってから同年齢に区切って効率的に大人が求める「段階」まで到達させるよう一斉に指導・管理し、社会へと送り出すことが主流になったという歴史的経過があることを意識する必要があると考えています。保育園で言えば、「幼児期の終わりまでに育ってほしい姿（10の姿）」を意識して学校へ送り出すことが求められるようになってきています（正直なところ、「大人でもそんな完璧な人間いないのでは？」と感じる文言が並んでいます。子どもたちにそのような姿を求めてくる大人は、どれだけ立派なのでしょう。子どもに求めるのであれば、まずは大人が見本となるべきです）。「育ってほしい」と考えている主体は誰でしょうか。そう、大人です。では、子どもたち自身はどのように「育ちたい」と思っているのでしょうか。私たちはその願いに耳を傾け、子どもたち一人ひとりが安心して自分らしく豊かに育っていけるよう支援したいのです。

❸ 主体的に見て真似ぶ

主体性や当事者意識を育むための選択肢として、異年齢保育を位置づけられるのではないかと考えています。それは、子どもが大人に教えられて学ぶことよりも、子ども同士で学ぶことのほうが遥かに多いからです。

異年齢集団で小さい子たちは、大人よりも大きい子たちのことをよく観察しています。たとえば、自分にはできない高度なことをしたり、トラブルになった時の振る舞い等も、すべて見て感じています。興味をもった時に「感じられる」環境があるのです。「学ぶ」の語源は「真似ぶ」であり、興味を持った対象を主体的に観察し、真似することでどんどん吸収していきます。それこそが主体的な生活だと言えます。大人に「見てて」と指示される訳でもなく、自らの欲求に従ってそうしているのです。主体的に真似してやってみてうまくいかなかったとしても、それを誰のせいにもしません。自分の世界で咀しゃくし、再度観察して再構築し、また挑戦していく。うまくいったときの喜びもひとしおです。「憧れは発達の母」と言われますが、日々の生活の中に憧れのモデルがたくさんいて、「あの子みたいになりたい！」という意欲にあふれる環境である異年齢保育は、主体性や当事者意識を育みやすい環境だと感じています。

④ 思いやりの循環と育ちあい

異年齢での生活は、大きい子にとって、優しさや思いやりがあふれ出る生活となります。その思いが「お世話」するという形で現れてきます。「ありがとう」と感謝されることが多い生活であり、慕われることで「できる・できない」ではなく、誰かに必要とされる自分自身の存在意義を感じられるようになります。この体験こそが自己肯定感となっていくのだと思います。大人に認められたいからお世話をするという感覚ではなく、自然と心が動くのです。

また、このような姿につながる体験として、自分が小さい時に大きい子に優しくしてもらったことを覚えていて、自分が大きくなった時に小さい子にも同じようにしてあげたくなります。「人は育てられたように育つ」という言葉もありますが、人間に元々備わっている本能なのではないでしょうか。ずっと昔から積み重ねてきたもので、他の動物も教えられなくても子どもを守ろうとするように、命をつなぎ続けるための自然な営みなのだと思います。特に「自分と同じ年齢の子たちよりも、少なくとも3歳以上小さい子たちに対しての方が親切さや思いやりをしめすようだ」（参考文献p20／ピーター・グレイ）という研究もあり、法人内の子どもたちの姿からも実感しています。

そして、大きい子も小さい子がいるからがんばれるという姿もあります。苦手な野菜も自分より小さい子が食べていると刺激されて食べられるようになるというケースも頻繁に見られます。小さい子にとって「かっこいい自分でいたい」という思いを刺激され、少し背伸びをしたくなるのでしょう。そういう意味でも、大きい子も小さい子に育てられていると言えます。時には癒してもらって充電しているような姿も見られ、常に大きい子が一方的に刺激を与えているのではなく、相互に育ちあっているのです。

加えて、人は相手に教える時に最も学ぶと言われています。異年齢集団の中ではあそびから虫の特性や当番活動など、実に多岐にわたることを教えてあげることが日常なので、その瞬間瞬間にも質の高い学びを続けているのです。このような視点からも異年齢生活において相互に学び育ちあうことの意義が感じられるのではないでしょうか。

⑤ さまざまな立場を体験しながら育つ

社会的に「非認知能力（社会情動的スキル）」が注目されるようになりました。非認知能力とは、知能検査や学力検査では測定できない能力で、主に意欲・意志・情動・社会性にかかわる能力と言われています。異年齢保育では、まさにそこに通じる意義があります。「立場が人をつくる」と言われますが、さまざまな立場に立って感じることや振る舞いを学ぶことができます。家庭では経験しきれない、末っ子、真ん中、長男長女というすべての立場を体験できるのです。

学校の先生や学童の指導員の方から卒園児の姿を聞くと、「コミュニケーション能力が高くて優しい。リーダーになる子も多い」と話されます。また、「自分で考えることに学習の質が変わる3年生以降になって開花する」ということも度々耳にしてきました。異年齢生活では、あそびを成立させるにも工夫が必要です。小さい子も含めてどうすればみんなで楽しくあそべるのか、自分たちでルールを考えることも必要です。さまざまな立場を経験することで、相手の立場に立って考えることも自然と身についていきます。

❻ 幅広い年齢層だからこそ心地よい存在が見つかる

自分にとって心地よく過ごせる存在を選ぶ幅が広いということも大きな意義と感じています。同じ年齢に集団が区切られていると、その範囲の中で友だちを選ばないといけないことになります。発達に配慮を要する子や同年齢集団の中で居場所を見つけづらい子にとって、「いつもどこかに自分を必要としてくれる」存在が見つけられる異年齢生活は大きな意義があります。自分より小さい子がいることで、「おにいさん」「おねえさん」として慕われます。その喜びを胸に小学校へ羽ばたいていけることは、人生にとってとても大きな影響を与えるのではないかと感じます。確実に自己肯定感につながっているのではないでしょうか。

❼ 子ども同士の愛着形成

一般的に愛着は、特定の大人との関係で築かれるものと扱われることが多いですが、異年齢保育では子ども同士で愛着が育まれています。担当の保育者よりも大きい子が受け入れたほうが安心して登園できるという姿は当たり前のようにあります。大人が子どもを受け入れるという狭い範囲ではなく、子ども集団として受け入れるということです。それが自分がここにいていいと承認されていると感じられる居場所感となっているのだと思います。私も現場時代実際に体験しており、１歳の子を私が受け入れようとすると泣いてしまうのですが、５歳の子が受け入れると泣き止んで部屋に入ってくるのです。ちなみにその５歳の子は、現在保育者として働いています。そのような体験が人生に大きな影響を与えているのでしょう。そういう意味では、１歳の子が受け入れてもらって安心したように、５歳の子も１歳の子に受け入れられた喜びがあり、相互性が感じられます。これも育ちあいの一つなのだと思います。

❽ 多様な存在を感じられる日常

子どもたちは元々多様性を認めあう感性を持っています。むしろ多様性という言葉を使わなくても、「この子はこういう子」なのだと、ありのままの姿を受け入れながら生活しています。大人よりも余程柔軟な感性で生きています。大人が理解しやすいように後付けでカテゴライズした社会で育つ子どもたち。生まれた時に持っていた感性を、大人の価値観で阻害してしまわないことが必要です。自然は多様で、その自然に近い環境で育つことで、頭で「多様性」とわざわざ意識しなくても、無意識の肌感覚で理解できている状態のまま育っていける。それも異年齢保育の意義であると感じています。

❾ 安心を大切にした保育構成

異年齢保育における新年度の変化は、新入園児を除いて、長男長女の門出と末っ子を迎え入れるのみとなります。基本的に職員やグループ構成は変えず、必要最小限としています。「おうち（クラス）」の中で職員は保護者、友だちはきょうだいのような存在なので、年度が替わるからといって家族は変わらないという考え方を土台としています。職員がおうちを異動しなければならない場合も、子どものグループ構成を変えない等の配慮をすることで、大きな混乱なく新年度を迎えられるよう子ども同士の関係性や、毎年毎年同じように繰り返される「生活」が子どもたちの中に根づいています。

担当が新入職員となった生活グループの５歳児の子が、その職員の教育係を自負しているようで、グループの子たちのことをいろいろと教えてくれていました。名前やマークから、好きな食べ物や保育室のルールまであらゆることを伝えてくれていて、その姿はどこか誇らしげに見えました。ずっと一緒に育ってきた「おうち」。そこに入ってきた新しい大人を子どもたち自身が「受け入れる」時期でもあります。また、その子の姿から、「おうち」のすべてに愛着があるのだと感じました。単に「育てられる場所」ということではなく、自分自身が主体として「生きる場所」として「おうち」があり、卒園してからもずっと愛着のある「還ってきたい場所」となっているのだと思います。また、職員の中で継続して担当していくというところでは、家庭の経過をずっと把握していけるので、家庭背景丸ごと理解した上で子どもの姿をとらえられます。

⑩ 学童期を含めた異年齢保育へ

年長児ともなると、より高度な刺激を求めるようになります。それは基本的に大人に求められがちなのですが、本来は学童児がいてくれるといいと考えています。法人内でも「学童期を含めた異年齢保育」の実践が始まっています。法人内学童クラブとの連携はもちろん、卒園児が毎年たくさんボランティアで還ってきてくれており、そこでも育ちあいが感じられます。卒園児があそびに来ると、まるでアイドル並みに取り囲んでお出迎えして、存分にあそんでもらっています。卒園児にしても、学校でがんばっている日々の中で、「ホッとした」という声も聞こえます。ありのままの自分で安心して過ごせる場所として保育園があることの意義は大きく、異年齢生活だからこそこのような光景につながっていると感じます。学校に疲れたり、何らかの理由で通えなくなっている卒園児にとっても、安心して還れる居場所であり続けたいです。

在園児にしても、毎日一緒に過ごした友だちが自分の行く小学校で待っていてくれることは、ただ場所を知ってることだけでは払拭できない不安に寄り添ってくれる、大きな安心となっています。人とのつながりが安心になるのです。このように、卒園してからも地域の中でずっとつながり続けていけることも、異年齢保育の意義だと考えています。

⑪ 日常的に育児を感じられること

現代では、「育児不安」「育児ストレス」が社会問題であり続けています。その背景には、核家族化や地域の中でのつながりが希薄化している影響から、育児の孤立化が進んでいることがあります。しかしながら、保育園で保護者同士がつながりあい、安心して子育てができる環境があれば、また新たな命を授かる意欲も湧いてきます。この少子化社会の中ですが、法人内施設では毎年多くのうれしいお知らせをいただく状況です。

少子化が進むにつれて、親になる世代が赤ちゃんと生活する経験が乏しくなり、育児をイメージしづらくなり、不安や負担が大きくなっています。異年齢の生活の中で日常的に乳児と生活を共にできることの大切さを感じます。排泄時の対応、抱っこで食べさせてもらったり、子どももスプーンを持って「２スプーン」で食べさせてもらったりする食事のようす、鼻水やよだれが常時出ている姿を当たり前に目にして感じながら、時には「やらせて～」と主体的に育児参加しながら育っていける環境は、今の時代に大きな意義を持つのではないでしょうか。

⑫ 保護者集団も異年齢

懇談会等で悩みをこぼす若い保護者の方にも、先輩保護者からのアドバイスがたくさんもらえます。「うちもそうだったけど、○歳ぐらいになると落ち着いてくるよ」等、体験談にはとても説得力があります。卒園までおうちが変わらず、共に行事等の取り組みに参加することで保護者同士の絆もとても強くなり、卒園後もずっとつながっていける関係性が築かれていきます。

また、例年年度末の懇談会では卒園する家庭から異年齢保育のすばらしさが語られます。「年長になったら親より下の子に優しくしてくれるようになって、親がかかわり方を教わっている感じです。本当にこんな姿になるんですね！」等、驚きを持って語られる方もいました。そのようなエピソードを、また次の世代の保護者が語り継ぐ伝統となっています。

おわりに

　ようやく多様性を認めあうことが時代の流れになってきました。しかしながら、画一的な環境で一斉に同質性を求められる環境に長く身を置いていては、そのような価値観を育むことは難しいのではないかと感じています。保育・教育分野でよく使われる「みんな違ってみんないい」という言葉があります。ただ言うのは簡単なのですが、実態がそのようになっていなければ意味がありません。私の感覚として、その言葉には「みんな違ってもいい」というニュアンスを感じてしまうのです。「基本的にはみんな同じがいいけど、違ってもそれを許容していこうね」というメッセージとなっていないでしょうか。今、本当に必要なのは、「みんな違っている方がいい」という価値観だと考えます。もちろん、お互いに気持ちよく生活する上での最低限の決まりごとは必要でしょう。その上で、違う感性や考え方や経験を持つ多様な存在がいるからこそ「育ちあう」のです。それは、長く異年齢保育で育ちあう子どもたちの姿から学んだ本質だと確信しています。

　子どもたちはこれから社会をつくる存在に成長していきます。多様性の時代を生きる子どもたちが、あたり前に違いを認めあえるように、私たち大人が環境を整えていく必要があります。「いろんな人がいておもしろい！」と感じられるように、異年齢保育という枠組みを越えて、卒園児を中心とした学生、保護者、地域住民、外国の方等に来園してもらい、多様な文化を感じられる生活環境を保障したいです。また、手をこまねいているだけでなく、こちらから地域に出ていくことも必要です。地域の中でのかかわりを広げ、あたたかく見守っていただきながら、子どもも大人も安心して育ちあっていけるまちづくりを進めていけたらとイメージしています。そして地域に愛着を抱き、また親や職員になって園に還ってくるという循環につながればうれしいです。

最後に、私たちは2022～2023年度にかけて、法人綱領策定委員会を中心として『わたしたちのめざすもの～子どもを真ん中に 手をつなぎ 育ちあおう～』を策定しました。論議の中で、現代に必要なことは何より「安心感」であると確認しあいました。これから先、子どもたちが生きていく社会が安心なものとなるように、私たち大人が考え続け、声を上げ続けていく必要があります。また、未来をつくっていく主体は常に子どもたちです。環境問題を中心として、これから人間がどのような未来を切り開いていくのかが問われる時代となっています。

人と人とのかかわりあいが希薄になっている現代において、子どもたち自身が望む未来をつくりあっていくためにも、異年齢保育実践を深めていくことが必要なのではないでしょうか。これからも子どもたちを真ん中にしながら、みなさんとともに考えあっていければ幸いです。

〈参考文献〉

・東京・こぐま保育園（社会福祉法人多摩福祉会）著『きょうだい・グループ保育――異年齢・生活グループで育ちあう子どもたち』（多摩福祉会、2005年）
・ピーター・グレイ著『遊びが学びに欠かせないわけ――自立した学び手を育てる』（築地書館、2018年）
・ユヴァル・ノア・ハラリ著『サピエンス全史――文明の構造と人類の幸福（上）』（河出書房新社、2023年）

2章

実践・保育園編

こぐま保育園

向山保育園

砧保育園

上北沢こぐま保育園

こぐま保育園の紹介

● はじめに

こぐま保育園は、東京・多摩市の多摩ニュータウンの一角、京王・小田急線永山駅の近くにある大規模（招致に応じた規模です）の園です。近所や団地内にいろいろな公園がある緑豊かな環境です。

2024年度の利用定員は189名（認可定員211名）です。０歳児15名１クラスと、１歳から５歳の異年齢クラス（おうちと呼びます）が５クラス

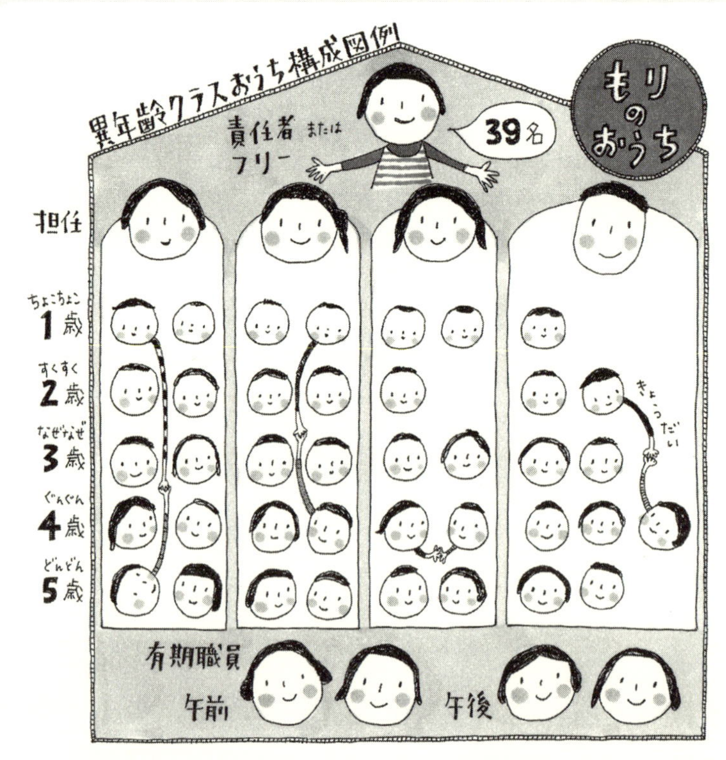

＊４つの生活グループがあり、生活グループの名前は「たかはしグループ」など、各担任名で呼びます。

あります。各異年齢クラスには、どの年齢も含む10名前後の「異年齢生活グループ」が３～４グループあり、「生活グループ」と呼んでいます。実のきょうだいは基本、同じクラス、同じグループに属します。

各異年齢クラス（おうち）の職員体制は、責任者としてフリー保育士１名、それぞれのグループ担当として各１名の保育士、それに数名の有期職員で構成しています。異年齢保育を可能にする園舎のつくりです。

年齢別・横割りの保育から「異年齢・きょうだいグループ保育」へ

当園は、高度経済成長期にニュータウンとして開発され、働く世代が一挙に移住する状況にあった多摩市に1974年に開園しました。

開園当初、保育経験のある３名程度の職員のほかは新卒の職員によってまわりの方々の援助を受けつつ、子どもを真ん中に必要なことを考えあって保育を探究しました。1980年代から90年代にかけ、社会が高度にIT化し、働く親たちの生活が根底から破壊されるなか、さまざまな影響が子どもたちの姿に現れ、子どもにとって必要なこと、すなわち保育のありかたの問い直しに挑戦し、「異年齢・きょうだいグループ保育」（異年齢きょうだい保育）に移行しました。

1980年代の年齢別保育の時代、保護者から「家できょうだいで過ごしていても、きょうだいで遊ばないので、親がひとりずつにかかわらなければならなくて疲れてしまう」との悩みが寄せられ、それを受けて「本来のきょうだいの姿は違うのではないか。互いに良い刺激となって、豊かな感情が出てくるのがきょうだいのはずではないか」「幼い時代を過ごす保育園生活が年齢別の横割りの保育でいいのだろうか」ということが議論されました。移行の発端です。

年齢別・横割りの生活の中では子ども同士、互いの競争心が強く、「できた、できない」という評価基準が自己評価につながっている子どもの姿があり、あの手この手で褒めて伸ばそうとするものの、これでよいのだろうか？と疑問を感じる状況でした。

職員での議論を３年続け、土曜保育や期間限定の試行を経て、そこで育つ子どもの成長の姿を伝えながら保護者への提起をおこない、保護者との議論を３年続けました。「（異年齢保育に）５歳児は加えないでほしい」「１歳児の保育で大切にしてきたことは守られるのか？」「小さい子がいじめられないか？」などの保護者の不安の声を受け止めつつ、異年齢保育をおこなってみての子どもたちの姿の変化は、保育者たちの大きな喜びとなりました。

生活グループの中で家族のような親密な人間関係ができ、小さい子は大きい子に憧れ模倣し、大きい子は自分より小さい子のことを少し気にかけるという姿がそれぞれの子のペースで育っていくのが「異年齢・きょうだいグループ保育」です。命を守り育てる生活の営みを文化として継承することにより、豊かな体験と感情が一致していく過程を大切にしてきています。

保護者とともに

異年齢きょうだい保育を始めてから保護者のみなさんの変化も多く感じるところです。「家できょうだいでよく遊ぶようになった。上の子が下の子の面倒をやさしくみてくれる」「きょうだいが生まれるのをとても楽しみにしている」「きょうだいが同じクラスなので親同士もずっと同じおうち。いろいろな年代の親がいるので、自然と新しい父母を思いやって声をかけているし、親たちも親密になっている」というような声をたくさんいただきます。

父母会との共催行事の時には、職員と一緒に実行委員会を構成して、分担した係を「おうち」みんなで当番を決めて協力していただいています。また、園の行事だけではなく、おうち独自の交流会を保護者中心に企画し、家族ぐるみで楽しめるよう保護者が力を発揮してくださっているのは本当にありがたいことです。

コロナ禍を経て

現在、異年齢きょうだい保育を始めて早や20年以上が経過しました。子どもたちは、大人もゲーム依存やネット依存の社会変化の影響を受けています。遊びがうまくみつからないときに「何をして遊びたいの？」と職員が問うと「保育園はユーチューブが見られないし、ゲームがないからつまらない。おうちに帰りたい」という答えです……。テレビ番組は時間で終了するがユーチューブやゲームは終わりがない……。コロナ禍によるリモートワークの広がりによって、夜中までリモートで仕事をする状況がみられるようになりました。仕事と私生活の境目があいまいになり、子どもには「睡眠」をはじめ生活リズムに影響が及んでいるように感じられます。

多摩市全体では人口減少、少子化の波がコロナ禍で加速し、年度初めは０歳児の定員に空きが発生するようになり、園の経営の圧迫につながっています。保護者にとっては１歳の育休明けに合わせて入所できる状況にやっと到達となりましたが、新たな課題も生まれている現状です。

（高橋 博子）

園舎図

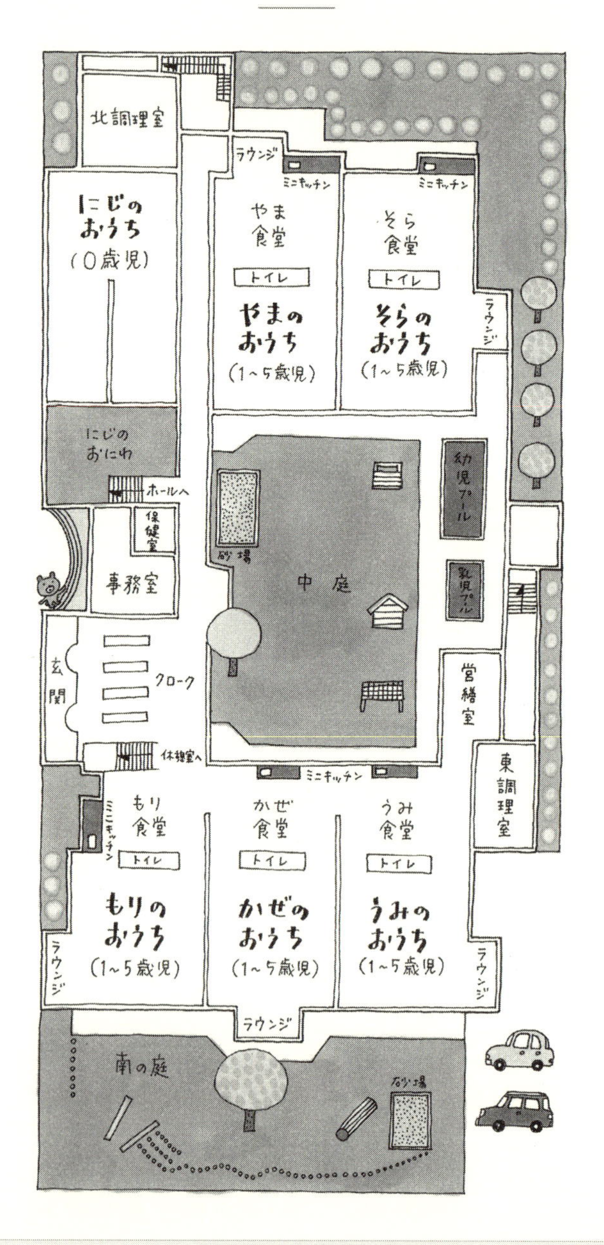

北調理室
ラウンジ
ミニキッチン
ミニキッチン
にじの
おうち
（0歳児）
やま
食堂
トイレ
やまの
おうち
（1~5歳児）
そら
食堂
トイレ
そらの
おうち
（1~5歳児）
ラウンジ
にじの
おにわ
ホールへ
保健室
事務室
砂場
中庭
幼児プール
乳児プール
玄関
クローク
営繕室
休憩室へ
ミニキッチン
東調理室
ミニキッチン
もり
食堂
トイレ
もりの
おうち
（1~5歳児）
かぜ
食堂
トイレ
かぜの
おうち
（1~5歳児）
うみ
食堂
トイレ
うみの
おうち
（1~5歳児）
ラウンジ
ラウンジ
ラウンジ
南の庭
砂場

春から夏へ「もりのおうち」の育ちあい

田邊 遥香　桑原 七重

春！　受け入れて受け入れられて

「もりのおうち」は、１歳から５歳まで各年齢８名前後で構成する異年齢クラスです。この年度は合計39名。生活面では39名が４つの異年齢グループに分かれます。各異年齢グループは、１～５歳児10名前後の編成です。

新入１歳児のさわ子ちゃんは、３月まで「もりのおうち」で生活していた卒園児りんくんの妹です。りんくんの毎日の送迎の時に子どもたちはさわ子ちゃんに出あっているので、「りんくんの赤ちゃんだよね！ さわ子ちゃん！」とうれしくてたまりません。同じく弟が入園してくるのをずっと楽しみにしていた年長児ゆうくん。ゆうくんを中心に、大きい子たちが「おいで～」と小さい新入園児の登園を積極的に受け入れてくれました。

１歳児のはなちゃんが不安で泣いていると、年長児が「お母さんと離れてさみしいのかな」と声をかけてくれたり、「これどうかな」と遊具をもってきてくれたりします。「わたしが小さい時はどんどん（年長）さんのかなちゃんに抱っこしてもらってたよね～」と思い出している年長児です。

初日の食事で、ななちゃん（４歳児）が「エプロンつけてあげる～！」と、１歳のゆみちゃんやのりくんのところに笑顔で来てくれました。また、午睡時、私がのりくんとゆみちゃんを布団に連れて行った後に、２歳児のオムツ替えをしていたら、２人が布団から出てウロウロ。すると、５歳児がのりくんを、４歳児がゆみちゃんを布団へ戻してくれました。頼んだわけではないのに気づいて面倒を見てくれる年上の子たちです。

新入園の１歳児がママ恋しさで大きな声で泣いていると、きいくん（２歳児）が、「シーシー」と言いながら、そうっと笑顔で１歳児の顔をのぞき込み、そのやさしいしぐさに１歳児が泣き止みました。きいくんは、１歳児がトイレにあそびに行くのを見つけると、まるで「あっちはダメよ～こっちであそぶよ～」と言うように後ろからそっと肩を押して部屋に戻そうとしてくれます。１歳児の時にたくさんそうしてもらったことが、このような姿につながっているのではないかと感じました。

散歩では、朝のあつまりでグループ内の散歩ペアを伝えられると、庭に出た大きい子たちがペアとなる小さい子を探して手をつないでいます。５歳児は帰りも、一緒に来た２歳児を見つけて手をつないで並んでいました。そういえば以前、勤務していた園の２歳児横割りのクラスでは、散歩で、「保育園に帰ろう」と言うと、みんなが「やだ～」「まだ～」としかほぼ言わなかったことや、３・４・５歳の異年齢クラスでは、１・２歳児と交流はあっても、５歳児が小さい子にどう接したらよいのか、とまどったり照れたりしている姿が多かったことを思い出します。１歳から５歳まで、毎日、生活を共にする中での子どもたちの育つ姿は、散歩にもあらわれます。

２歳になって「ぼくを見てよ！」のあつしくん

今までクラスで一番下だったあつしくんは２歳になり、自分より小さい新１歳児に大人が手をとられるようになると、「ぼくを見てよ～」とばかり、食事では、スプーンで上手に食べられていたのに、なるくん（１歳児）の手づかみ食べを真似したり、椅子から何度も降りたりします。午睡では、これまで一人で静かに入眠していたのに、布団の隣のタンスの引き出しを開け閉めしたり、寝ついたなるくんを起こそうとしたりしています。そして２歳児かずくんと「もうい～かい！」と大声で呼びかけあう山びこごっこ。家でも似たような状況とのこと。いわゆる赤ちゃん返りを園でもしているのでしょうか。

午睡では、大人がそばについてトントンし、大きい子にバトンタッチするのですが、兄のあきくん（４歳児）にも、５歳児さっちゃんにも「うるさいからあつしくんヤダ～」と言われてしまいました。でも静かでやさしい５歳児のえなちゃんや、大人でも屋良先生がそばにつくとすぐに静か～にするし、少しずつ寝つくまでの時間が短くなって落ち着いてきました。１歳児には興味津々なのです。その葛藤を越えて、年上としての成長の姿を見せてくれるようになるでしょう。起きている時のあそびの充実を心がけなくてはと思います。

４歳のお兄ちゃんもいるよ──生活グループの良さとあたたかさ

年度が変わると、３歳児の生活行為や遊び内容には、「個人コップが持てる」「アスレチックにのれる」「体育課業に参加できる」などが新たに加わり、してよいことがいろいろ増えます。大きい子の仲間入りです。やる気満々の３歳児！ でも午睡入眠の時はまだまだそうはいかなくて、さきくんが「だれかトントンしてよ……」と、保育士や年長児を目で追い、求めているのがわかります。保育士も年長児も新入園の１歳児にかかわっています。すると同じ生活グループの４歳児ののりくんが「さきくん、トントンしてあげようか？」とトントンしにいってくれました！ 小さなお兄さんが来てくれてさきくんがにっこりしています。よかった～！ 困っているとだれかが助けに来てくれる生活グループの良さと温かさを感じました。

よっ！ どんどんさん！──１歳児と５歳児と保育者の育ちあい

新入園の１歳児おとくんは、担当の私と少しでも離れると不安で泣いてしまいます。場面の切り換えが苦手で、オムツ交換の時は泣いてエプロンにしがみつき、オムツ台に寝かせるといやがって大騒ぎ。便の始末などでてんやわんやでした。午睡は、布団で寝ることができず、だっこで寝かせていました。私が休憩に入るときは、他の保育者に抱っこを変わってもらう状態でした。おとくんの不安をなかなか解消できず、私は気持ちも体力も切羽つまっていました。

ある日の午睡時、他のグループの１歳児はみんな寝ているのに、寝かせられないことに焦りを感じながら大泣きのおとくんを抱っこしていました。すると年長のひろくんがやってきて、「おとくん、どうして泣いているの？ 寝ないの？」。私が「眠くないのかな、どうしたらいいと思う？」と聞くと、ひろくんは「じゃあ、ひろくんが泣きやませるよ！ おとくん、いないいないばあっ！」と、とてもおもしろい顔をして見せてくれました。何回もやっているうちに「ハハハハハ」とおとくんが笑いました！「みて！せんせ!! わらったよ！」と喜ぶひろくん。何十回もやってくれて、おかげでおとくんは泣き止み、抱っこで入眠してくれました。本当に助けられました。「せんせ！ 寝たね！」とひろくん。「ありがとう。ひろくんのおかげだよ～。よっ！ どんどん（年長）さん！」と言うと、ひろくん、ニヤリ。

ひろくんは、４歳のころからまわりをよく見ていて、小さい子にとてもやさしく、困っている大人や友だちがいるとよく助けてくれました。年長になってやる気満々の、張り切っているひろくんにさっそく助けてもらいました。おとくんは、ひろくんもそうだったように、みんなにかわいがられて、安心して過ごすようになると思います。ひろくんのおかげで、なんだか気持ちが楽になりました。

夏！「こぐまなつまつり」から、もりのおうちの「なつまつりごっこ」へ

７月の「こぐまなつまつり」は、父母との共催行事です。もりのおうちが担当の模擬店は、「おにぎりとジュース」でした。父母、職員、子ども、みんなで汗水たらし、声をからし、売って歩く役を私はもらいました。腰

が痛くなるほどフラフラになりながらも、年長児と「いらっしゃいませ〜」「おいしいおにぎりはいかがですか〜」「いまなら百円ですよ〜」なんて言いながら売って回りました。年長児のがんばりで売れ行きは上々。子どもたちは、売れるのがうれしくて声も大きくなり、勢いも増してとっても楽しそうでした。

この楽しかった体験を「なつまつりごっこ」として、もりのおうちの活動にとりいれることにしました。

感染症の大流行であわや…

しかし、予想外のできごとがおこりました。感染症が広がり、なつまつり明けからもりのおうちの子どもたちの半分以上が欠席になってしまったのです。頭を抱えましたが、登園している子どもたちでとりくむことにし、朝のあつまりで伝えてみました。

「なつまつりごっこ、しよ！」。でも４歳児は「え〜。ねんどやりたい」「むずかしいからやりたくな〜い」とあまり乗り気でないようす。しかし、年長児からは、ゆうくんが「あ！ やる！ オレはおにぎりつくる!!」といい、るうくんが「からあげつくろうかな〜」、かいくんが「るうくん、いっちょにからあげちゅくろう」と声があがり、４歳児で唯一やる気のゆかちゃんが「ゆか、おかねつくりたい！」というと、イメージができてきたのか、４歳児も「ひなもやるからつくろう」「さきもつくる」「なみちゃんも」と続き、やりたいという子がどんどん増えていきました。

おにぎり、からあげ、ジュース、チューペットと発想が広がり、さまざまなものを作りはじめました。お金をつくっているところを見て、やりたくなって参加する子もいます。３歳児もやってきました。作り始めたらおもしろくて時間を忘れるほど集中しています。子どもたちの姿を見て、あぁ、本当になつまつりが楽しかったのだな、コロナが落ち着いて、模擬店まで経験することができてよかったなと思ったことでした。

なつまつりごっこ──2歳児から始まるイートイン

なつまつりごっこ1日目。この日も登園の子は少なかったけれど、5歳児を先頭に準備をはじめました。3・4・5歳児は浴衣や甚平を着て、お店屋さんの開店です。会場の食堂にBGMで流れるのは「こぐま音頭」。この日は、1歳児、2歳児がお客さんで、大きい子にすすめられながらたくさん買い物をしました。買い物がすんだら大好きなこぐま音頭をみんなで踊って大満足。ニコニコで部屋に戻ると、2歳児そうくんが畳に座って買ったものを広げ、食べる真似をはじめました。みたて・つもりあそび全開です。それを見た子たちも同じようにしてまさかのみんなでイートイン！

一方、4歳、5歳は、かわりばんこに店番と、お客さんになって買い物をし、残った商品を5歳児が「かぜのおうち」に持って行って「いらっしゃいませ～」と売りはじめました。大繁盛で完売でした。欠席の子が多かったので、なつまつりごっこは次の日にもすることになりました。

なつまつりごっこ2日目。5歳児が商品をつくりはじめました。早い。黙々と作る姿はまるで職人さんのようです。昨日よりは出席者が多く、この日も浴衣と甚平でおしゃれをして開催。

今日も5歳児と4歳児がかわりばんこにお店番とお客さんになりました。昨日お休みだった3歳児やっくんとまさきちゃんはルンルンで買い物をすると、はじっこの方で二人向き合ってイートインです。ひろくんは「チューペット」をおいしそうに食べる真似をしています。今日の訪問販売は、「うみのおうち」に行きました。かぜさん、うみさん、ご協力ありがとうございます。コロナ禍ではなかなかできなかったクラスを越えたかかわりができたことが貴重でした。みんなで楽しく、なつまつりごっこができてほんとうによかった！ 5歳児のイメージをふくらませる力や制作力のすごさ、意欲の強さには感動でした。次は合宿です。話しあい、クッキング、買い物などの活動が待っています。

かずくんといっしょに育つ

鈴木 彩香　針尾 政幹

5歳になったかずくんの食事 ──園の栄養士や支援センター言語聴覚士とともに

ダウン症のかずくん。0歳児クラスでゆっくり2年間過ごし、2歳児で異年齢クラスに進級してきました。食事はミキサー食の段階でした。

こぐま保育園の給食職員は、それぞれ担当のクラスを決めて子どもたちの状況を把握し、月案会議で保育士と一緒に「食」について検討します。かずくんの食事対応は、療育支援センターの言語聴覚士とも相談、連携しながらすすめてきました。5歳になった時のアドバイスは、「舌が前後には良く動いているが、左右の歯に食べ物を乗せて噛む動きはもう少し。ペーストからマッシュへのステップアップを。ラップご飯（かじりとり練習用に細まき寿司状にラップで巻いたもの）は継続し、口唇閉じの練習には煮野菜のかじり取りを」というものでした。

ペーストにさいの目の煮野菜を混ぜるとすぐに見つけ、「べぇー」と出してしまいます。試行を重ねて、カシッと人参をかじり取った時はうれしくて、人参に残った歯型をとっておきたいくらいでした。そして12月のある日、舌を動かしてしっかり噛み、人参の含め煮をまるまるひとつ食べたのでした。発音がよくなり、単語の量が増えました。永久歯が出てからは、食べ物への興味が広がり、肉や魚、野菜なども要求するようになりました。

友だちと一緒に「大きくなった」うれしさを味わう

予備合宿（園内）ではかずくんのうどんができるまでみんなが待っていてくれて、一緒に「いただきます」ができました。本合宿のおやつは、みんなで話し合ってかずくんも食べられるおせんべいを選びました。

給食では、ジャージャー麺なら、品目別のミキサー食の皿をいくつも並べるのではなく、ミキサーはするけれど、みんなと同じように麺にタレをかけて、年長児用の器に盛るようにしました。そのたびに「たつ～♪ 見て～おっきいー」とたつくんにアピールしています。大きくなること、できるようになることを一つひとつ喜ぶかずくん。輝いていました。年長児としてみんなといるときのかずくんは、「みんなと一緒に」という思いを強く持っていることがわかりました。

年度当初は、ばらばらな年長児集団

かずくんという存在は、子どもたちの中でも大きな存在でした。自分の中の正義感から曲がったことが許せない子は、当番表マークを毎朝、自分のところに移動させるかずくんに「かずくんだめだよ！ かずくんは火曜日でしょ！」と厳しい口調になります。時計のアラームを鳴らす、電話のスイッチを押すなどのかずくんの一つひとつの行為が気になる子もいれば世話をやきたくなる子もいて、つい強い言いかたで接するようになります。

年度当初は、子どもたちの気持ちがあっちこっちに向いている状況でした。しかし、年長活動である栽培用の苗の買い出しや、サツマイモの苗植え遠足、予備合宿、夏まつり、本合宿などを共に体験し、過ごすなかで年長児に大きな成長が見られるようになっていきました。

「かずくんチャンピオン！」──そして電車でつながる子どもたち

10月のある日の夕方。戸外活動からの入室時に、木下保育士が鬼になり、タッチされた子は入室するという本気の鬼ごっこをしました。かずくんも沢中保育士と走って一緒に楽しんでいましたが、みんながタッチされていく中、残ったのはかずくんでした。「かずくんチャンピオン！」と木下保育士がかずくんを抱えてグルグル回しました!! それを見て「かずくん、すごい！」とさとしくん。次の日、さとしくんの保護者からのノートには「今までかずくんのこと、ちょっと苦手だったけどすきになっちゃった！ と言っていた」と書かれていました。

さとしくんが年長散歩で「かずくん、手をつなごう」と誘ってくれました。初めてのことで、かずくんはきょとんとしていましたが、さとしくんと手をつなぐと、とってもうれしそうでした。かずくんと手をつないで散歩するには大人でも体力がいります。かずくんは目についた所へあちこち惹きつけられていくし、体をあずけて歩くのでそれを支える必要があります。かずくんとのかかわりが少なかったさとしくんには難関です。

序盤でさとしくんの手からするりと抜けてかずくんは行ってしまい、「あぁ！ カズく〜ん！」とさとしくんが助けを求めるように声をあげると、すかさず、なっちゃんがかずくんのところに行き、「かずくん、こっちだよ」「かずくん、疲れたの？ おんぶしてあげようか？」と言って、背中を向けてしゃがみました。かずくんが「わーい！」となっちゃんの背中におぶさりました。しばらく歩いたものの「あー！ ダメだ！ 疲れた〜！」となっちゃんが言うと、なっちゃんの前にかずくんが来て「(お) んぶ」。「えっ？ かずくんがおんぶしてくれるの？」。なっちゃんが照れながらかずくんの肩に手をかけました。持ち上がりはしないのでまるで電車のように歩き出しました。するとクラスのみんながおもしろそうに集まってきて電車が長〜く連結しました。よろよろと、でも一歩一歩、歩くかずくんを先頭に……。

対等の関係と会話──子ども同士、伝え合うということ

ある日、おうちの全員で散歩に行くことになり、年長児が話し合って行先は第二公園と決まりました。かずくんは保育士と手をつなぎ、先頭で出発。第二公園の手前まで来た時でした。突然かずくんが第三公園のほうを指差して「あっち！」と言うのです。保育士が「あっちじゃないよ。第二公園ってみんなで決めたじゃん」と言っても「ううん！ あっちぃ～!!」。「じゃあ、どんどんさん（年長）にきいてごらん」と言われて、かずくんは前のほうにいるたつくんとれんくんとなっちゃんに向かって「○△×□でぇ～、△□○～！ あっちぃ～！」と言いました。

すると３人が３人とも同じように左右に首を振るのです。かずくんは「えぇ～」とがっくりしながらも渋々、第二公園へ入っていくのでした。これが年度当初のころだったら、「みんなで決めたでしょ！」と怒る子がいたり、「じゃあ第三に行ってあげる？」と上からな発言をする子がいたりしたのですが、しかし、かずくんをクラスの対等の仲間としてとらえるからこその３人の姿でした。しぐさや表情、言葉で思いを伝え、わかり合う仲間の姿がありました。

異年齢のかかわりと「生活」が、成長の源

●１・２歳児にエプロンをつけてあげるかずくん

“大きくなった自分”をしっかりと感じながら成長しているかずくん。異年齢の関係やそこで営まれる「生活」が成長の源です。

食事の時にはこぼしがあるので自分もエプロンをつけますが、年長児として１・２歳児がエプロンをつけるお世話をしたくてたまりません。積極的にお世話をするようになりました。年下の子は、かずくんを年上の子として認知し頼り、かずくんは、年下の子に頼られる経験を重ねて“大きい子”としての自覚や自尊心、誇らしい気持ちを育てます。でも、１・２歳

児はいつも思うようにお世話をさせてくれるわけではなく、ぐずったり嫌がったりすることもあります。それこそ１・２歳児を理解し、相手の感情や思いに気づくのに必要な出あいであり、他者と生活する手だてを体験的に学ぶ機会となります。

●当番活動を通して変わったこと

異年齢グループでは４・５歳児が「当番」を担当します。食事、排泄、着替えなど時間をかけて取りくむかずくんに、みんなのお世話は可能だろうか。職員で話し合い、かずくんも給食当番をすることになりました。当番表の自分のマークをうれしくて何度も見ているかずくん。

まずはお皿配り。保育士が「これは○○ちゃんのね」とお皿を渡すと「あい！」といい返事で、大事に運びます。そして小さい子３人にはスプーン、大きい子４人には２本で一膳の箸を配り。成功！

「スープをみんなに注いでくれる？」と声かけするとハグしにきました。そんなにうれしいことなんだ！ 緊張で手は震え、おたまの持ち方もぎこちないけれど、後ろから支えてあげるとていねいに注ぎ、慎重に一人ひとりの席まで運んで「ど～ぞ」と渡します。「ありがとう」の声が広がりました。

当番をして、楽しくてうれしいかずくん。配ってもらうみんなは、その姿を見守り、じっと待ち、がんばれと応援したり、当番をする年長児へのあこがれの思いを強くしたり、見方も受け入れ方もかかわりも変わっていったのでした。

●１歳児に「プレート落とし」を教えるかずくん

ある日、１歳児まいちゃんがプレート落としをして遊んでいました。しかし、まだうまく落とすことができず苦戦中。するとかずくんはまいちゃんの横に座り、まいちゃんが持っているプレートを手に取ってプレートを落としてみせるのです。そしてもう一度。ポトンッ。まいちゃんの顔をのぞき込むように見てニコッと笑い、去っていきました。自分が教えられるばかりでなく、小さい子がいると教えてあげる関係ができます。

●悪だくみに誘いこむ

やんちゃでいたずらっ子のかずくんは、庭にある水道の蛇口という蛇口を開けて、水を大量放出させるのが大好きです。これに１歳、２歳、３歳の小さい子たちを誘う姿がありました。保育者は内心、（そんないたずらに誘わないでくれ!!）と叫んでいるのですが、一方で小さい子を誘う姿に成長も感じます。同年代の友だちは、「水出しちゃダメじゃん！」と、かずくんが開けて回る蛇口を閉めて回り、抱きとめて制止したりしますが、小さい子なら一緒に楽しんでくれる、と相手を選ぶかしこさが育っているのです。多様な育ちがある異年齢集団だからできる選びとりです。

●歯が抜けた！

４歳児のあきらくんは、なんでもできる子です。5歳児のかずくんを注意することもあります。かずくんの乳歯がグラグラ抜けそうになってきた頃のこと。かずくんは、毎日ニコニコと鏡を見て、「おお～」とよだれを垂らしてまで歯のぐらつきを確かめ、それをあきらくんが近くでじっと見つめていました。

ついにその時はやってきました。かずくんの歯が抜けたのです！「おおお～!!!」と声を上げて喜ぶかずくん。「かずくん！ 歯が抜けたの？ いま？」と驚きながら、「みんな！ かずくんの歯が抜けたよ！」と、自分のことのように喜んだのは、あきらくんでした。そして、こっそり自分の歯がまだぐらついていないことを確かめ、「かずくん、すっげ～！」と尊敬のまなざしを向けるあきらくん。かずくんへの親密さを増すようになっていきました。

「本物」のカレー屋さん──かずくんと仲間たち

2月2日にお店屋さんごっこをすることになりました。美容院、本屋さん、ゲーム屋さん、映画館、お菓子屋さん……それぞれが担当を決める中、かずくんの希望は大好きな「カレー」でした。かずくんのカレー屋さんをしよう。本物のカレー屋さんをしよう。給食室と相談して、その日の献立をカレーにしました。

お店屋さんの日が近づき、かずくんは、看板作りはするものの自由に過ごしていました。かずくんが1～4歳児と散歩に出かけ、年長児はお店の準備にかかっている時、ふと、みきくんが「なんでかずくんは散歩に行ったの？」と言いました。「かずくんはね、お店屋さんの日にカレーを作らなきゃいけないから散歩でいいんだよ」とさとしくん。たつくんも「そーそー！ その日はめっちゃ大変だからいいの！」。みきくんは、「そっか」とすんなり納得。「一人で作るの大変だね～」「がんばってほしいね」とみんなはあたたかくかずくんを思ってくれていました。かずくんのお母さんがお迎えに来ると、「2月2日は、かずくん、カレー作るからエプロン持ってきてね」と伝えています。4歳児も3歳児も「かずくんは本物のカレー作るんだって」ととても楽しみにしていました。

お店屋さん当日、かずくんは9時過ぎから米とぎをして、食堂でカレーを作り始めました。すぐに飽きてしまうかと心配でしたが、ずっと集中していました。お店屋さんに誘っても「えぇ～!?」と嫌がるほどです。じゃがいもを煮込む間、お店屋さんのお部屋に連れていくと、盛大なお店のにぎわいに驚くかずくん。5歳児と交代して4歳児がお店番になり、かずくんも他の5歳児とお店屋さんを回って楽しみました。それからまたカレー作りです。

5歳児てつくんがドアの窓からその姿を追っていました。「てつくんも来る？」と声をかけるとうれしそうにやってきて、かずくんの邪魔にならないように少し離れて見守っています。ルーを入れる時に「あち！」とかずくんが言うと「だいじょうぶ？」とのぞきこむてつくん。カレーが完成すると「カレーできたの？ やったね！ すごいね！」と手を取って喜び、後から来たなおくんがかずくんの頭をよしよししました。

かずくんのカレー屋さんは大盛況！ 長い行列でも、一人ひとりていねい？ に対応し、「いっぱいください！」と言われると「いっぱいね！ あ～い」とたっぷり注いでいます。年下の子からは「かずくん、いただきま～す」「おいしい～！」の声が次々と上がり、かずくんは満足そうな笑顔です。おかわり続出、あっという間にカレーは完売でした。そして、みんなが注目する中で栄養士がかずくんのカレーをミキサーしてくれました。

大満足、大興奮でこの日は眠れないかずくんでした。

「きょうのごはんはなんですか」──こぐま保育園の給食調理

竹内 もえ　小西 里美

「せんせいはすきだけどごめんね」

こぐま保育園には、東厨房と北厨房の二つの厨房があります。東厨房からは子どもたちのようすを見ることができ、北厨房からは、登園する子や散歩から帰ってくる子たちとやりとりができます。

「きょうのごはんはなんですか〜！」と毎日、声をかけてくれるうみのおうちの子どもたち。「おやつは〜？」「あしたのごはんは〜？」と続き、給食を楽しみにしている姿がかわいい。子どもと目線を合わせるのに床にヒザをつくと、そこにちゃっかり座ってくる子もいてかわいい。給食を一生懸命に作る私たちを見て、そらのおうちの まりちゃんは「給食の先生になりたい」と言っているらしいと粂田先生が教えてくれました。きゅうしょくのせんせー!! おいしかった!!と伝えてくれるこぐまの子どもたちはフレンドリーであったかい子たちだなと思います。

私の厨房で担当する食事配慮の子どもは、去年よりは少ないが、シュリくん、デルくんは、宗教上、豚・牛エキス除去のため緊張感が常にあります。盛り付けの順番と確認も大切です。声をかけ合い、まちがいがないように努めています。

偏食でこだわりがつよい５歳児としくん。誕生会のケーキはいちごのカスタードタルトでした。「なにがはいっているの？」と聞くので「卵と牛乳と一」と答えましたが、としくんは卵がきらいでした……。タルトの部分だけでも食べてもらえないかと粘りましたが、はじの方だけ何とか食べて、最後に「せんせいはすきだけどごめんね」。としくんは魚も苦手だけれど唐揚げは好きでした。鰆（さわら）の照り焼きの日に中村先生が、「唐揚げとおんなじあじつけだって！」と魔法の言葉で誘いかけると食べてみる気になったようです。嫌いなものでも一口試してみて、味覚や経験を広げ、食べたい意欲にあふれる子どもになってほしいと思います。そのためにどんなことができるのか考えています。

野菜の収穫──子どものリクエストに応えて

今年度も新型コロナウイルス感染拡大防止のため、クラス閉鎖や片方の厨房を閉じての対応となりました。そのたびに発注量の調整や直前の献立変更を迫られました。職員の自宅待機により緊急の献立変更となった春のごった煮は汗をかきながら食べました。でも非常時ですから！ どんな時でも工夫して給食を出します。先輩の久保先生は、そういう指示がちゃちゃっとできてすごい。新人職員への指示も的確で、耳をダンボにしながら私も学んでいます。

夏は、夏野菜の収穫の時期。子どもたちの野菜栽培は、育たなかったり、大きくなりすぎたり、アブラムシに食べられたりと失敗も多く、収穫できた時の喜びはひとしおです。そんな時は子どもたちのリクエストで、食べたい調理や味付けにするようにしています。今までのリクエストは天ぷらが多かったけれど、今年は、給食職員お手製の『夏野菜図鑑』を見て、ラタトゥイユ、スイカスープ、トマトの肉みそかけ、めんつゆオクラなどたくさんの種類のリクエストがありました。自分たちで育てた野菜はよく食べ、「食」に興味を持つことで新しい発見があったり苦手な食べ物を克服したりする姿があって、私たちも楽しみながら調理しました。

野菜は収穫まで長い日数がかかります。子どもたちが気持ちを切らさずに、関心をもって向き合えるといいなと思います。『夏野菜図鑑』と合わせて『冬野菜本』を作りました。野菜栽培の活動計画やとれた野菜の活用に役立ててほしいと思います。

保育と連携して

この秋、玄関わきの柿の木が近年まれにみる豊作で、段ボール3箱の柿を収穫しました。柿の実と葉っぱがついた枝を確保して、3歳からの美術活動に使うことになりました。よ～く観察して、木の質感や柿の色を絵具とクレヨンで表現しました。色づくりが楽しくて、子どもたちは次の日も「かきたい！」といい、描きたいだけ描きました。

さて、小ぶりだけれど甘くておいしい柿は、3・4・5歳児に提供しましたが、それでも余ってしまい、3時の軽食メニューの「リンゴケーキ」を「柿ケーキ」に変更することにしました。加熱するので全園児に食べてもらうことができます。レシピはそのままなので調理はスムーズ、と思いきや、“小ぶりで種あり”の皮むきに悪戦苦闘でした。

新メニューや行事食、伝えたいことがある時は、配膳時に「こぐま便り」を配布します。「柿ケーキ」の軽食では、保育園の柿を使っていること、柿を食べると風邪をひきにくくなることを載せてみました。食べる前に、子どもがそれを読み上げてくれました。柿ケーキを食べた子どもたちからは、「柿ケーキが一番好き！」「おかわりしたよ」「また作って～」という声が届きました。

子どもが描いた柿の絵

柿ケーキ

地域向けのお便りに柿ケーキのレシピを載せ、配布することにしました。柿の収穫で楽しめた秋でした。

給食と異年齢保育

こぐま保育園の１歳児から５歳児は、異年齢グループで一緒に給食や軽食（おやつ）を食べます。

メニューや調理が年齢によって異なることがあります。たとえば、２歳以上はカレーライスで１歳児はハヤシライスだとか、誕生日の軽食がシュークリームなら、２歳以上は生クリームとカスタードクリームがつまっているけれど、１歳児はカスタードクリームのみだとか、３歳以上のイチゴはヘタつきで、１・２歳にはヘタがない、などなど。食材の刻みが違ったり、大きい子は割ったリンゴで小さい子はスライスしたリンゴ、というように切り方が違ったりすることもあります。スプーンや箸、食器は、年齢や子どもの状態により、使うものはまちまちです。

小さい子が大きい子のものを欲しがる時は、職員だけでなく年上の子が「おおきくなったらね」「来年ね。もうすぐだよ」と伝えています。年齢が上がった時に食べられる！という見通しにつながるようです。また、大きい子の食べ方は、小さい子にとってはお手本になり、一方、自分の苦手な食べ物をおいしそうに食べる年下の子をみて、食べてみようとする年上の子もいます。違うことが良い刺激になるのは異年齢保育の特徴だと思います。

ご飯とみそ汁の盛りつけは５歳の当番が担当しますが、一人ひとりの食べられる量などがよくわかっていて感心します。

保育士が好き嫌いのある子に「ひとくち食べてみよう」とうながしても食べないことが多いのですが、５歳児が「もうすぐ食べるようになるよ。ぼくもそうだったよ。今は食べられるし」と、食べられない子の気持ちになって保育士に伝えたり、「ぼくが食べさせてあげようか」と食べさせてあげたりする姿があり、年長児の存在は大きいなぁと感じます。

給食室の久保先生は、給食を食べながら大きい子たちが午前中の散歩などの活動を楽しそうに話し、小さい子がそれを聞きながら食べているところを見ると、家庭にいるような心地よさを覚え、そのような時にいっそう「おいしいご飯を出したい」と思うのだそうです。おいしいご飯を出すこと。給食調理の仕事は願いはそれに尽きるのかもしれません。

給食情報を発信する

給食が「メンチカツ」の日の、そらのおうちの保育士と子どもとのやりとり。

「サクサクとまわりについているものは何かわかる？ ヒントは『パ』」と伝えると、「パンダ」と答えている子がいました。パン、まではあっているけど……。それに小さい子にはむずかしいかな。どのおうちの子も「おいしい」と言って食べてくれるメンチカツ。何でできているかをわかってほしくて、材料を「絵」にして伝えました。２回目のメンチカツの日には、材料の絵をよく見てメンチカツを味わう子どもたちがいました。

１月の誕生会のケーキは、「シュークリーム」です。きっと作り方を子どもたちに聞かれるなと思い、子どもと保護者に向けて、工程を写真で伝えることにしました。「これは何？ カスタード？」と、写真と見くらべながら五感をつかって食べる姿に、良い刺激になったと実感しました。「こうやって作るんだね」と親子の会話にもつながってほほえましい姿を見ることができました。

子どもや保護者のかたがたに給食の情報をさまざまに発信しています。自園給食の良さを伝える機会にもなります。

「栄養メモ」は、小さな子どもも楽しめるようにイラストを入れ、漢字にはひらがなをふって、メニューや食材、由来などを紹介しています。給

食のサンプルと一緒に展示します。

たとえば「サケ（鮭）」なら、切り身のイラストに、「じつは白身魚（しろみざかな）！ 赤く見えるのは赤い色素のミオグロビン！ 皮にも栄養があります。皮ごといただきましょう。たまごはイクラです」と書いて。また、「かるかん（軽羹）」ならイラストに、「鹿児島県をはじめとする九州地方の和菓子です。自然薯（じねんじょ）（山芋）を使うことでもっちり、ふっくら」と書き添えて。

お迎えのお母さんから「これを書いているのはだれですか？ 楽しみにしているんです」と言われるとうれしくてお母さんをぎゅっと抱きしめたくなります！ 無理せず積極的に発信し続けたい。

生活の中にある子どもたちの食べたい・知りたいに耳をかたむけ、発信し続けたいと思います。

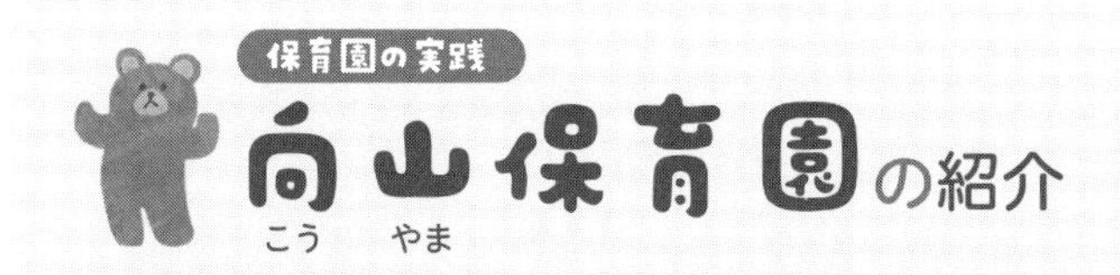

年齢別保育を基本としながらの異年齢交流活動

向山保育園は、2006年に練馬区の委託を受け、運営を開始しました。0歳から5歳までの年齢別保育を実施しており、0歳児てんとうむし組9名、1歳ちょうちょ組19名、2歳とんぼ組22名、3歳みつばち組24名、4歳せみ組25名、5歳かぶとむし組25名、計124名定員の保育園です。また、休日保育を実施しており、日曜日や祝日には在籍園児以外の子どもたちも登園してきます。

法人としては、異年齢保育を大事にしてきており、私たちも異年齢保育を実施していきたい意向でいますが、委託契約においては、生活単位は年齢別保育でなければならないこととされています。ですので、年齢別保育を基本としながら、次のような異年齢活動をおこなっています。

①日常の中で3、4、5歳児がクラスを行き来して遊んだり、戸外遊び等で一緒に遊んだりする自由な交流

②月に数日、「異年齢」の日を設けて活動する意図的な交流

①については、自由遊びの時間に「○○組にいってきまーす！」と言って、自分のクラスから他のクラスに遊びに行くことが多く、きょうだいのいるクラスはもちろんですが、何度か遊びに行くなかでかかわる子ができてくると「○○ちゃんのところに行きたい！」と、その子に会いに行き、遊ぶ姿があります。友だちを目当てにするだけでなく、そのクラスにしかない遊具で遊びたくて、環境を変えて一人で黙々と遊んでいる子もいます。

また、行きたいクラスが重なり、1クラスに子どもの人数が多くなって

しまうことがあるので、そのようなときは受ける側のクラスで「また今度ね」「誰かが帰ったら来てね」と調整することがあります。

0、1、2歳児クラスの子たちも生活が安定してくるなかで、夕方の時間等が主になりますが、担任と一緒に幼児のクラスに行って過ごしています。新入園児の弟妹が登園に気持ちが向かわない朝は兄姉のクラスで受け入れることもよくあります。

クラス編成と異年齢交流の計画

②の意図的な交流は、3、4、5歳児クラスが主になります。新年度の前に年齢別保育の生活グループを検討する際、異年齢保育を見すえた編成をします。クラス編成のポイントは、きょうだい関係を一緒にすることや前年度からの「継続性」を大事にすることです。大きくは変えませんが、前年度の異年齢保育や年齢別保育の時の姿を見て、より関係性が深まり、楽しく遊べるように編成します。

②の意図的な異年齢交流の計画については、保育者が時期や内容について検討し計画を立てますが、子どもたちの声やアイデアを聞き、活かしながらの企画をしています。年度初めのころは、「やりたくない」「自分の部屋にいたい」という意見が出ることがあります。法人内の他施設とは異なり、生活単位が年齢別保育であるがためともとらえられますが、一緒に楽しみ、かかわって過ごすうちに「またあそびたい」「今度はいつするの？」と、次の交流を心待ちにする姿が見られるようになっていきます。

①、②それぞれの充実が子どもたちの自然なかかわりや豊かな育ちをうながし、異年齢保育のよりよい実践につながっていくと思います。子どもたちの姿を共有し、計画や反省、課題などについて話し合う場を大切にしています。

（中本 琢也）

米研ぎと「異年齢」のかかわり

大坊 眞希奈　平谷 素子

ご飯がもっと食べたい！

４歳児せみ組は、子ども24名のクラスです。保育士３名で担当しています。乳児のころからいくら戸外で身体を動かしても喫食量が少なく、「残食が多い」クラスでした。好き嫌いも多く、家庭からは「同じメニューしか食べない」「保育園から帰るとお菓子ばかり食べていて夕飯は食べない」などの悩みが寄せられ、園でも家庭でも「食」が課題でした。

そうした中で白米だけは好んで食べ、「ごはんのおかわりほしい」という子が多くいました。給食室に相談し、量を増やしてもらうのですが、それでも足りずに「たべたかった……」と落胆する姿が良く見られました。

12月を迎えるころ、その日はさんぽに出かけたことと、給食室の職員が食事のようすを見に来たことが重なったからか、いつも以上に「ご飯」がすすむせみ組の子どもたち。「ごはんのおかわりほしい！」と声があがりますが、今日もご飯は完売です。給食は、ホールで３歳、４歳、５歳がクラスごとに食べます。５歳クラスかぶとむし組が給食を食べ始めました。

「そうだ！ かぶとさんにご飯もらえるか訊いてみようか？」と担任が言うと、「え！ いいの!?」と大盛り上がりのせみ組の子どもたち。そのようすを見ていたかぶとむし組のももちゃんから「せみさん、ごはんほしいの？ べつにいいよ」とやさしい言葉がかかりました。それをきっかけに、「かぶとさんのおかわりのご飯、少しもらってもいいですか？」と担任がもらいに行くと、「いいよ！」「たべて！ たべて！」と快諾してくれるかぶとむし組の子どもたちでした。

かぶとむし組では、自分たちで食べるご飯の米研ぎは、自分たちでします。ご飯をもらいに行きながらせみ組の担任が「そういえば、今日はだれがお米を研いだの？ だれまい？」と尋ねると「きょうはるいくん！」「るいくんまいだよ」と教えてくれました。せみ組の子たちは、「だれまいって何？」「るいくんまいって？」と聞いてみたそうな表情です。かぶとむし組では、その日のお米とご飯を、研いだ子の名前をつけて「○○ちゃんまい」と呼んでいます。

「食」から始まりそうな異年齢のかかわり

もらったご飯を配膳しながら「かぶとさんは自分たちでお米を研いで炊いているんだよ」と話すと「え？ ごはんつくってるの？」「どうやるの？」と興味津々で、ご飯を口に入れては「かぶとさんのごはんおいしい〜」「ほっぺがとろけるぐらいおいし〜」と言ってくれます。

副菜もよく食べるかぶとむし組には、ご飯をもらったお礼にせみ組のおかずのおかわり分をあげました。「かぶとさんになると野菜も食べられるんだね、すごいね」と担任が言うと「かぶとさんってすごい」と尊敬のまなざしのせみ組の子どもたちです。

自分が研いだお米を「おいしい〜」と口々に言ってもらったるいくんが、せみ組の担任に「こんどせみさんにごはんのやりかたおしえてあげるよ」と言ってきました。「本当に？ ぜひ教えてほしい！」と応えたせみ組担任。異年齢のかかわりが「食」から始まりそうです。

「ねぇ、いつにするの？」──るいくんの押しで米研ぎの実演へ

るいくんは、「こんど、せみさんにごはんのやりかたおしえてあげるね」という約束をしっかりと覚えていて、せみ組の担任に廊下や園庭で会うたびに「ねぇ、いつにする？」とたずね、気にする姿がありました。そこで、

るいくんに「紙にやり方を描いてくれないかな」と相談してみました。するとすぐに紙にやり方を絵と字で描いて、「できたよ！」とせみ組に持ってきてくれました。米研ぎの手順がとてもわかりやすく描かれています。

例年、年度末にかぶとむし組の子どもからせみ組の子どもへ、向山保育園にまつわるさまざまなことの引き継ぎがあり、その中に米研ぎがあります。引継ぐ時期は、年度末としても、やり方を見ておくのは、ご飯や米研ぎに子どもたちの関心が向いている今がチャンスです。なので「集まり」の中などでかぶとむし組に発表してもらうのはどうか、と考え、かぶとむし組の担任に相談しました。「なるほど…それでるいくんは平仮名を教えてって言っていたのか！」「ぜひ教えにいくといいんじゃないかな」と話は進み、１週間後のせみ組の集まりで、かぶとむし組に米研ぎの仕方を実践してもらう手はずが整いました。

米研ぎの集まりをする日までの間も、かぶとむし組の担任からも頼まれたるいくんが、「ねぇこんどせみさんにこめとぎのしかたおしえるんだよね！」と誇らし気に何度も話しかけてきました。その都度「楽しみにしてるね」と返すとうれしそうな表情で、「るいくんがかいたかみ、まだある？」と確認してきます。せみ組がご飯をもらったことと「るいくんまい」がきっかけの、意欲的なるいくんの姿でした。

米研ぎ実演の「集まり」当日

ちょうどその頃、集まりなどで何かの話をするたびに「そんなのわかってるし」と言う姿がよくみられたせみ組です。“ちょっぴりふざけたい”“何となく言葉の揚げ足をとってみたい”などの意識が働くのか、でも“楽しいこと・おもしろいこと”は、しっかりと聞いています。そして今日の楽しいこと、おもしろいことのひとつは、かぶとむし組のるいくんによる「米研ぎ」の実演です。

朝の集まりの前にホワイトボードに「こめとぎ」と書かれているのを見

て、「え？ これなに？ なんてかいてあるの？」「こめとぎするの？」「こめとぎってなに？」とソワソワしたようすの子どもたち。担任も「なんだろうね～」と、子どもたちの反応をうかがいつつ集まりの準備をしているところに、さっそうとるいくんが現れました。

「きょうはるいくん、みんなにこめとぎのしかたおしえてあげるから！」と誇らしそうに話し始めました。でもその時、保育室の仕切りの小窓から、かぶとむし組の担任が顔をのぞかせ、「るいくーん、エプロンも三角巾も全部忘れてるよ～」。ハッとした表情で「わすれてた！」と急いでかぶとむし組に戻るるいくんでした。そして、三角巾・エプロンで身支度を整えたるいくんと、「ぼくも一緒に教える！」と、炊飯器と米びつを持ったふみくんが登場。かぶとむし組の担任もついてきてくれました。

米粒ひとつこぼさずに

「今日はかぶとぐみのるいくんとふみくんが米研ぎの仕方をみんなに教えてくれるためにせみ組に来てくれたよ」とせみ組の担任が話を切り出すと、いつもと異なる雰囲気と、これからおこなわれることへの期待からだれひとりとしておしゃべりをすることなく、真剣なまなざしで年長の２人を見つめています。

「まずは、すいはんきのふたをあけて」と一つひとつの動作をていねいに教えてくれる２人。米を研いで水を流す時には、米粒ひとつこぼさず、それを見て、かぶとむし組の担任が「え、すごい……！」と驚く場面もありました。

せみ組のおかわり分も含めたお米を無事に炊飯器に入れ、米とぎの実演は終了。「こうやるんだよ。わかった？」と話す表情は誇らしさと達成感に満ちあふれ、るいくんとふみくんはかぶとむし組へと戻っていきました。

せみ組の子どもたちに「かぶとさんすごいね。米研ぎの仕方、おぼえられた？」と問いかけると、「わかった！」「まずはさ、ふたをあけておこめいれるんだよね」と一つひとつの行為を振り返りつつ、「あしたからやりたい！」と意欲に満ち、明日からする気になっているほどでした。

かぶとむし組のご飯は味がちがう

その日のお昼もやはりせみ組のご飯は完売。すると「かぶとさんのをもらう！」「るいくんとふみくんのやつ！」といただく気満々でいます。かぶとむし組のご飯は、やはり味が違うようで、「おいしい！」「とろける！」と大好評です。そんなせみ組の子どもたちの声を聞いて、かぶとむし組の子どもたちがニヤリとしている姿がなんとも微笑ましく、食を通してつながる４歳児と５歳児の姿でした。

ちなみに、別の日にかぶとむし組からご飯をいただいたことがありましたが、その日は特にせみ組の子どもたちから何の感想も出ませんでした。後からわかったのは、その日、かぶとむし組は朝から散歩に行っていて、大人が米を研いだということ。研いだ人によって味が違うの？それがわかるの？と不思議に思ったことでした。

ご飯が炊けるいいにおいがただよい……米研ぎを引き継ぐ

卒園、進級の時期をむかえ、米研ぎの引継ぎに向けて、毎週火曜日にせみ組の分のお米を研ぎにかぶとむし組の子が来てくれることになりました。「かぶとさんきたよ～」「こめとぎするって！」と楽しみに待ち、手順もそこであらためて学ぶことになりました。

室内に炊飯器があることでだんだんとお部屋の中が良い匂いになり、「おなかすいた～」「ご飯炊けた？」という声が聞かれるようになりました。やはりかぶとむし組が研いでくれた炊飯器のお米は一味違うようで、「あつあつだ！」「おいしい～！」「やわらかい！」と、とてもおいしそうに食べていました。

喫食量が少なく、好き嫌いもあった子どもたちでしたが、よく食べるかぶとむし組がいつも隣にいてその姿を見ていたことや、食事への関心を育てる日々の取りくみがあることで、「食」への意欲が育ってきました。喫食量がぐんと増え、以前は副菜を一口食べるのもむずかしかった子どもたちが、一口、全量の半分まで、と少しずつ食べられるようになり、今ではおかわりをする子もいます。主菜も苦手なものはあるものの、おかわりの分をすべて食べて他のクラスから余りをもらうほどよく食べています。

かぶとむし組に進級して──「つぎはせみさんにおしえるの？」

せみ組だった子どもたちがかぶとむし組に進級。４月の２週目から、まずは大人が米研ぎをし、次に「やりたい！」という子にお手伝いをお願いしました。お米を研いだ水を流すときに米粒を大量にこぼし、「あれ？」「こぼれちゃった！」と声をあげている子もいますが、やり方やコツなど去年のかぶとむし組の子どもたちに教えてもらったことを思い出し、経験を積んでいます。やりたい子からはじめて、みんなで順番に交代しておこなう「当番」に進めていきます。今日のお米研ぎは「だれちゃんまい」かな。

米研ぎのほかにも荒馬やホール掃除などを引き継ぎました。まだ進級して間もなく、始めたばかりですが、すでに「つぎは、せみさんにおしえるの？」と、やる気いっぱいです。去年のかぶとむし組の子どもたちにしっかり教えてもらったからこその姿であり、頼もしさを感じます。

日常の中にあるたくさんの異年齢のかかわりを大切にし、子どもの声を聴き取りながら保育をしていきたいと思います。

向山保育園コラム

①5歳かぶとむし組──「異年齢またやりたい！」

イヤダと言ってはみるけれど──保育者が決めすぎずに

“コロナ”が明けてから異年齢で過ごす日を設けてきた。年長組に進級し、計画した課業や遊びをやろうとすると「なんでやらなきゃいけないんだよ……」「おとなはそうやってかってにきめてつまんない！」という声が聞かれる。そのような中、異年齢活動の際に「何したい？」と問いかけると、「しっぽとり！」「さめぐんだん！」とクラスでおこなっている遊びがたくさん挙がる。普段のあそびを他の年齢を含めてやることで、遊び方を教え合う姿があり、楽しさの共有ができる。その経験が日常のかかわりや次の異年齢につながり、保護者からも「異年齢のかかわりいいですね」との声が届いた。異年齢活動に限らず、大人が決めすぎないことが大事だと感じる。

ともちゃん（5歳）とせっちゃん（3歳）の異年齢交流

かぶとむし組に遊びにきた3歳児の中にせっちゃんがいた。ふだんは一人で絵本を見たり、おままごとコーナーで黙々とお料理したりしている。同じたいようグループの5歳児ともちゃんが「あ、せっちゃんだ！ 一緒にあそぼう！」と声をかけた。ともちゃんは5歳クラスの友だちには負けたくなくて気を張っているところがある。また豊かなイメージをごっこ遊びで相手にうまく伝えられずに「なんでとものいうことききいてくれないの?!」と怒ることが多い。その二人が動物のフィギュアを動かしながら「もーいーかい？」「まーだだよ」「こっちかくれていいよ」「どこかな〜？」と楽しそうに遊んでいる。同年齢だからこそ育つ姿があるように異年齢だからこそ育つ姿がたくさんある。異年齢の保育室に遊びに行く日常のかかわりや交流を大切にして異年齢の活動を広げていきたい。

（大坊 眞希奈・平谷 素子）

②異年齢交流・5歳児だってまちがえる

3、4、5歳児の異年齢交流「向山旅館ごっこ」

異年齢交流にあたり、日常的なかかわりを大事にしつつもみんなでイベントに取りくむのも楽しいのではないかと企画した向山旅館ごっこ。にじグループはゲームコーナー、うみグループは飲食コーナー、たいようグループは温泉コーナーを担当し、必要なものをつくって当日（2/27）は店員にもなって楽しんだ。にじグループの準備のようすを書き出してみる。

看板作りで

二つあるゲームコーナーにはそれぞれ看板が必要だということになり、画用紙や色鉛筆、ペンを用意して作ることになった。

クミちゃん（5歳）がボウリングの看板に平仮名をかいてくれていた。それを隣で見ていたタクヤくん（4歳）が「ぼくもかく！ いい？」と文字の横にボウリングのピンやボールの絵をかき始めた。クミちゃんはタクヤくんがかいているところを上手によけながら文字をかき終え、「わたしも、絵、かこっかなー」と言ってボウリングのピンをかく。

サトルくん（5歳）が自分の作業を終え、「かんばんかいてあげよっか？」とコーナーにやって来たので、保育士が「射的の看板ができてないんだ。お願いできる？」と言うと快く引き受けてくれた。クミちゃんの正面に座ったサトルくん。クミちゃんがかいた文字を見て、「おれもかけるやつ（ひらがな）あるし！」と文字をかくことに決め、保育士が見本で書いた文字を見ながら一生懸命かき写す。

近くで見ていたヒトシくん（3歳）が「ヒトシも“き”かける！」とサトルくんがかいた“しゃてき”の隣に“き”をかき足してしまった。するとサトルくんは「“しゃてきき”になっちゃったじゃないか!!」と激怒。怒る気持ちもよくわかるので、「せっかく上手にかいたのに嫌だったね。かっこいいからヒトシくんもマネしたくなっちゃったんだと思うよ」と間に入った。ヒトシくんはその後も「ヒトシもかんばんかきたい～」「にいにとおべんきょうしたからモジかけるもん」と言っていたが、「上手にかけるのはわかったけど今日はサトルくんにお願いしたんだ。かいていい？ って聞かないで勝手にかいたらサトルくんはすごく嫌な気持ちだよ」と伝えると、「う～ん……」と納得はしていないもののやってはいけなかったことはわかったようす。「ごめんねする？」と聞くので、「した方がサトルくんはうれしいかもね」と言うと、「ごめんね」と言っていた。

射的の看板にかいたのは……

大人に気持ちを受け止めてもらい、ヒトシくんにあやまってもらって少し気持ちが落ち着いたサトルくん。「ここに絵をかいて完成させても素敵だし、嫌だったらかき直してもいいよ。どうしたい？」と聞くと、少し疲れたようすで「…このままにする」。「じゃあ射的の絵をかこうか」とうながすが、不安そうにクミちゃんの絵を見ている。3、4歳児がクミちゃんの絵を「じょうず～！」と言っていて、うまくかけるか不安になったのかもしれない。別件で保育士がその場を離れ、戻った時には、“射的の看板にボウリングのピン”がかかれていた。ヒトシくんは今度はちゃんと「ヒトシもえ、かいていい？」と聞いて射的の絵をかいていた。自分の絵とヒトシくんの絵が違い、射的の看板にボウリングの絵を描いてしまったことに気がついたサトルくん。自分の絵を手で隠してしまった。保育者は「ふたりとも上手にかけたね。ありがとう！」とだけ伝えた。

次の交流日、絶対に看板コーナーに来ないサトルくん。でも、それまで割り箸鉄砲作りには意欲的だったので追加の分を頼んでみると引きうけてくれた。3歳児に作り方のコツを教えたりしてみんなとイキイキ取りくむサトルくんだった。

（高野　楓）

3～5歳の異年齢保育について

2009年、砧保育園は、東京・世田谷区公立保育園を民営化受託し、運営を開始しました。認可定員76名で、それを超える弾力化定数の実施対応をしています。0～2歳は年齢別保育、3～5歳が異年齢保育をおこない、当初は、幼児も年齢別保育でしたが、2013年から4～5歳の異年齢保育から始め、夏季保育期間中の3～5歳の異年齢保育へと徐々に移行し、2014年、現行の異年齢保育となりました。既設の園舎、保育室では、1・2歳を含む異年齢保育はおこなうのはむずかしく、異年齢クラスの編成は3歳以上となっています。職員間の話し合いと実践の積み重ね、保護者との合意形成を大切にしてきました。

異年齢クラスは、「おうち」と呼びます。「つきのおうち」「たいようのおうち」「ほしのおうち」の3つのおうちがあり、おうちの中で、さらに2つの異年齢グループに分かれます。「おうち」の職員配置は、16名の子どもに対して担任2名で、子どもたちの状況に合わせてフリーの職員や有期職員がフォローに入ります。2名の担任が異年齢グループを1つずつ担当する担当制の保育をし、1グループ8名です。

なお、3歳は「うさぎ」、4歳「きりん」、5歳「らいおん」と年齢ごとの呼び方があります。

それぞれのおうちの年長児は、みんなのあこがれです。毎日、みんなのためにしてくれる当番活動や年長になったら取りくめる荒馬踊り。どれも、「かっこいい！」「やってみたい！」「らいおんさんになったらできるんだよね！」などの言葉が3、4歳児から日常的に聞かれます。年下の子が困っている時には、「どうしたの？」と声をかけ、困りごとを解決してくれようとする年長児の姿がふだんからみられます。そんな年長児を模倣して、3、4歳も大きくなった時に自然と同じようにかかわる姿が増えていきます。おうちの中に、大人の他にも頼りにできる年上の友だちがいて安心して生活することができます。

商店街の中にある砧保育園

砧保育園は、世田谷・祖師ヶ谷大蔵（そしがやおおくら）ウルトラマン商店街の中にあり、ふだんから商店街や地域のかたがたとの交流を大事にしています。年長児のお泊まり保育や行事に際しては、商店街の中の八百屋さんやお花屋さんなどに子どもたちと買い物に行きます。夏の夕涼み会では、焼き鳥のお店を園の前に出してもらったり、また、卒園児の保護者の美容室に子どもたちが見学に行かせてもらったりしてつながりを深め、子どもたちも貴重な経験を積み重ねています。

卒園しても帰ってこられるホームのような場所であるように

砧保育園の地域活動には、赤ちゃんと保護者が在園児と一緒に過ごす「赤ちゃんひろば」や、小学生から高校生を対象とする「育児体験」などがあります。「育児体験」には、卒園児の小学生が来てくれて、園の子どもたちと遊んだり、職員のお手伝いをしてくれたりします。学校に行くことに少し疲れ気味の子も、保育園に戻ってきてエネルギーをチャージし、安心や自信を得る居場所となっているようです。

卒園児が来ると、日頃、年長児として力を発揮する5歳児が特に大喜びで、以前に戻ったかのように甘えたり、いろんなことを教えてもらったりしています。より年齢幅のある異年齢のかかわりが生まれています。砧保育園が、卒園してもいつでも帰ってこられる、そんな場所であったらいいなと思っています。

（マクア安達 紘子）

異年齢集団で自信がついたあつしくん

永井 朋美

3歳児のころ──あこがれの5歳児 けんくん！

あつしくんは乳児の頃から慎重な性格でした。3歳になり、3・4・5歳児の異年齢クラスに移行しても、自分から友だちにかかわっていくというより、受け身のことが多く、何をするにしても、5歳児まみちゃんに「かわいい～」とされるがままの毎日を過ごしていました。はじめのうちは、まみちゃんに気にかけてもらえてうれしそうにしていたあつしくんでしたが、次第に“ちょっとうっとうしいな”と感じているようすも見られるようになってきました。そんな中、家でポロっと「けんくん（5歳）かっこいい！ けんくんみたいに坊主にしたい！」と言ったことがあったようです。園では一方的なまみちゃんとのかかわりが多かったのですが、あつしくんの中では“けんくんへのあこがれ”が強く芽生えていたようです。

けんくんは、話が上手で声も大きく、体を動かすことや人とかかわることが大好きな、クラスの中心的な存在です。主張が強くなることもありますが、年下の子には、「～だったの？」とていねいに思いを代弁してくれたり、うまく甘えさせてくれたりします。あつしくんは一緒に遊んだり生活したりする中で、“けんくん好き！”“けんくんみたいになりたい”という気持ちをふくらませていったようです。あつしくんに慕われて、けんくんのやさしさがより育っていったように見受けられました。

プールでの宝さがし遊びでのこと。あつしくんは水の中に体をしずめようとはせず、プールには入るものの、中の階段に座ったままでじっとしていました。一向に動かないあつしくんを見ていたけんくんは、あつしくんにも宝がとれるように、見つけてきた宝をあつしくんの足元におきました。なるほど、これなら水にもぐらなくても宝がとれます。また、水深がある時には、足元ではなく、自分の手のひらに宝をのせ、あつしくんの顔に水がかからない程度の高さにもっていって、宝がとれるようにしてあげていました。あつしくんは、お礼を言ったり表情を変えたりすることはなかったのですが、けんくんの計らいに誘われて、宝探しに参加することができました。

集団活動においても、あつしくんは周りの雰囲気にのまれているかのようで、ほとんど参加することはありませんでした。ですが、散歩先で手つなぎペアのまみちゃん（５歳）と一緒に体操をしたことをきっかけに、体操や体育などを少しずつみんなとするようになっていきました。まみちゃんなど年上の子のそばで言われるままにあそんでいたのが、次第に積み木あそびや鬼ごっこなど、自ら参加するようになり、いろんな友だちとかかわるようになっていきました。年上の子にかわいがられ、あそびに誘われてきたことが良い経験になったと思います。

４歳児のころ――（できないかもしれないけれど）できた！

あこがれていたけんくんが卒園してしまい、寂しそうなあつしくんでしたが、大好きな“虫”を通して５歳児はるくんとのかかわりが濃くなっていきました。クラスでは毎年夏になると虫の観察・飼育を楽しんでいて、３歳児のころからその輪の中にいたあつしくん。４歳になって、捕まえてきた虫を図鑑で調べたり、テラスを歩かせたりと、年上の友だちのあそびを見て楽しんだり自分も同じようにやってみたりと、小集団であそぶことが増えてきました。

けれども参加する場面は増えてきたものの、見て過ごすこともあり、あつしくんなりの参加のしかたでした。そうした中で少し変わったなと感じるのは、呼ばれた子が走って大人のまわりを回る“おまわりさん”というあそびへの参加です。以前は静かに見ているだけで、どうしてしないのか聞いた時には、「負けるのがイヤだから」「走るの遅いから」と言っていて、自分の弱さや負ける姿を友だちに見られたくないということが理由のようでした。でも今は走る番ではないのにわざと走ったり、友だちとふざけたりと、ふざけながら、あそびに加わるようになってきたのです。

この頃、同じ４歳児のあいちゃんという気の合う友だちができました。あいちゃんは、たのしいことが大好きで、おもしろそう！と思ったらどんどんやってみる子でした。あいちゃんと一緒にいて、あつしくんは大人数での氷鬼やドロケイなどの集団あそびにたのしさを感じたようです。はじめはふざけてみたりしながら少しずつ参加するようになりました。

そしてそこには、虫の観察や飼育を一緒にしている５歳児はるくんもいました。はるくんは、走ることが好きで、ドロケイの宝の取りあいでは宝を何度も取ってきたり、捕まった仲間を助けに行ったりとあそびをリードしていきます。そんなはるくんを見て、あつしくんも同じようにあそびをたのしむようになっていきました。ある日、ケイサツに捕まらずに、宝を自分のドロボウチームの陣地まで持ってくることに成功したあつしくん。ドロボウチームで大喜びをしていると、「宝、取れたじゃん！」とはるくんが言ってくれました。うれしそうに照れているあつしくん。友だちや保育者にも「すごいじゃん！」と言われ、自信になったのか、ドロボウになると宝を取ろうと“攻め”の走りをするようになっていきました。

その一方で、やったことがないことに対しては　なかなか自信が持てず、消極的なようすがみられました。「荒馬踊り」の引きつぎでは、あこがれのはるくんから馬をもらうことになっていたのですが、「馬、いらない」と言って、はるくんにうながされてしぶしぶ馬を受け取りはしたものの、ずっと下を向いて黙ってすわりこんでいました。まわりでは友だちが５歳児から念願の馬をもらって張りきって踊っているのですが、あつしくんだけは顔を上げることはなく「荒馬やりたくないなぁ」とつぶやいていました。

5歳になって──自ら“やってみよう”とすることが増え、「自信満々」のあつしくんへ！

4月。今まであこがれやモデルとして見てきた5歳児がいなくなり、あつしくんは自分が5歳児年長となって、「何をしたらいいんだろう……」とわからなくなってしまっているようでした。4月に5歳児が中心となっておこなった「進級お祝い会」では、話し合いで荒馬を踊ることに決まりました。このとき、あつしくんは、「ぼくは踊らなくてもいいなら、荒馬にしてもいいよ」と言いました。仲の良いあいちゃんが、「じゃあ、あつしくんは見てていいよ！ みんなであつしくんの分も踊ればいいじゃん！」と言ってくれて荒馬踊りをやることになったのです。

課業として荒馬踊りが始まりました。表情は明るくはないのですが、少し気持ちは向いてきたのか、「今日って本番？」と保育者に聞いてくるあつしくん。「いや、練習だよ！ だから失敗しても大丈夫」と返すと、足取りは重いけれど参加しようとやって来るようになりました。挑戦してみたこと、しっかりと踊れていたことを保育者が伝えると、安心したのかそれ以降はずっと参加し、あんなに不安だった荒馬踊りをたのしみにするようになっていきました。そして当日、はるくんにもらった馬をもって友だちと一緒に踊ったあつしくんでした。

6月にプールが始まりました。あつしくんは、水に浮いたりもぐったり、水の中でのいろいろな遊びに積極的に取りくむようになり、友だちに見てもらい、保育者にもほめられて、どんどん自信をつけていきました。年下の子に「すごーい」と言われ、あつしくんのすることをまねて挑戦する年下の子もいて、“あこがれられている”とわかるからか、表情にも自信がでてきました。プール発表会では「一番にやりたい！」と自分から手をあげるようになっていました！

お泊り保育を体験し、運動会を迎えました。今までやったことのない大縄の２人跳びにあいちゃん（５歳）と一緒に挑戦です。一度跳べると、そこからは当日に向かって毎日のように「今日は10回跳ぶ！」「昨日、10回跳べたから今日は20回！」などと自ら目標を立てて練習していました。運動会当日は、あいちゃんと２人跳びを成功させてうれしさいっぱいのあつしくんでした。

そして、「荒馬踊り」の集大成の場である卒園式。なんと先頭で踊るのはあつしくんです。保育者が誘いかけ、一番前で踊ると決めたのですが、いざ当日になると、「踊りたくない。一番前がイヤだから……」と揺らぐ気持ちを保育者に伝えにきました。気持ちを受け止めつつ、「できるよ！今までの練習と同じことをやれば大丈夫だからさ！」と保育者は励まし続けました。

踊り終わったあとのあつしくんの表情は、安堵感と達成感に満ちているようでした。友だちと充足感を共有し、このひとときを保護者、職員、みんなで喜び合いました。

３年間の異年齢生活で、いろいろな思いを感じとり経験をしてきたあつしくん。小学校へは未知への不安を感じながらも、たのしみや期待を大きくふくらませて巣立っていきました。

３年間を振り返って──異年齢児とのかかわりと担当制

●異年齢児とのかかわりから見えたこと

あつしくんが自己肯定感を高め、やったことがないことにも挑んでいくことができるようになったのは、できないことがあっても、気持ちに寄りそいやさしく教えてくれる年上の友だちがいる環境、小さな成功でも「すごい！」とあこがれてくれるような年下の子がいる環境、見て学ぶ環境、そして「できないからかっこわるい」ではなく、できないこともそのまま受け止めてもらえる環境があったからではないかと思います。

年上の友だちにあこがれるようになる４歳のころは、モデルが身近だからこそ自分と比べてしまい“自分にはできないかも……”と自信をなくすきっかけにもなっていたのかなと思いますが、そうした時に支えてくれたのは、年上や年下、同年齢の友だちでした。“やってみたらできた”という経験の積み重ねは、次の壁にあたった時に「あのときも、こうしたらできたよね！」と大人と一緒に振り返ることにつながり、挑戦をうながすのだと思います。

●グループ内での関係性の深まりから見えたこと

あつしくんと、あつしくんがあこがれていたけんくん（２つ歳上)、はるくん（１つ歳上)、そしてまみちゃん（２つ歳上）は、同じグループで過ごしてきた仲間でした。グループ担当制を取り入れ、毎日を同じメンバーと保育者で生活することによって、お互いをよく知り、わかりあい、あこがれたりあこがれられたりする関係が育ち、一人ひとりが、そしてみんなが育っていったのではないかと感じています。

3・4・5歳の異年齢グループでおこなう収穫まつり

マクア安達 紘子

異年齢の「おうち」とグループでのかかわり

異年齢クラス「つきのおうち」は、5歳児6名、4歳児5名、3歳児5名、計16名の編成です。2つの異年齢グループにわかれ、担任2名がそれぞれを担当します。グループの友だちとは、散歩に行くときの手をつなぐペア、食事の席などが一緒です。プールやクッキングなどもクラス全体というよりグループにわかれて取りくみ、安心でき信頼できる友だちとの関係の中で生活するようにしています。

年度のはじめには、会話が少なかった食事の時も、一緒に過ごすうちに会話が増え、友だち同士のやりとりがだんだんと活発になっていきます。特に、当番活動で配膳を担当する5歳児は、友だちのことをよく見ていて、「○○くんは、＊＊が苦手だからこのぐらいにしておくね」と盛りつけを加減したり、食べるペースがゆっくりの3歳児には、スプーンを口元にやさしく持っていって、保育者がするように食べる手伝いをしたりして関係を深めています。

あきちゃん（5歳）に「絵本どうやってつくるの？」と聞くめいちゃん（3歳）

あそびの場面では、年上の友だちがやっていることをよく見ていて、同じようにやってみたいと挑戦する年下の子の姿が多く見られます。

つきのおうちでは、製作が得意な5歳児のあきちゃんとなつみちゃんを筆頭に、手作りの絵本やカルタ、カバン、帽子など豊富なアイデアでいつもいろんな物を作っています。そんなようすをよく見ている３歳のめいちゃん。「めいちゃんも絵本つくる～」と２人のまねをして作ってみたくなったようです。画用紙を用意したところで「どうやってつくるんだろう……」と言って、めいちゃんの手が止まりました。「あきちゃんにつくり方を聞いてみる？」と保育者が声をかけると「うん！」とのことで、一緒に聞いてみることにしました。

「あきちゃん、絵本どうやってつくるの？」と聞くめいちゃん。あきちゃんは「画用紙をまず半分に折って……」とていねいに教えてくれます。異年齢で生活しているとよくこのような場面が見られます。作り方を教えながら土台を完成させてくれるあきちゃん。そのあとは、めいちゃんなりに作っていました。何日かして、今度ははじめからめいちゃん１人で絵本を作っている姿がありました。

あそびを模倣してみたい友だちがすぐ近くにいて、教えてもらえる環境がある中では、あそびの興味の幅や知恵も一段と広がっていきます。また、何かわからない時や困った時には、大人が伝えたり教えたりすることもできますが、あえてすぐに手助けをするのではなく、年上の子が気づいてくれるのを少し待ったり、この絵本作りの場面のように、年下の子が年上の子に聞いて、教えてもらう関係ができるのを見守ったりするようにしています。

異年齢でおこなう「収穫まつり」
──みそ作りからいもまんじゅう作りへ

つきのおうちでは、４月から異年齢グループでのクッキングに取りくんできました。最初はみそ作りから始め、お米とぎや野菜の皮むきなどの経験も積み重ねてきています。

そして11月の収穫まつり。収穫まつりとは、毎年、いもほりで収穫してきたさつまいもを使って、それぞれのおうちがおこなうクッキングのことです。自分たちで収穫したさつまいもを自分たちの手でクッキングする経験を大切にしてきています。以前は、年齢別に分かれて年齢ごとにクッキングを計画し、おこなっていましたが、ふだんから大事にしている異年齢グループで、５歳児と一緒に、５歳児の力を借りながら、“みんなで一緒に力を合わせて作った”ということを一人ひとりが感じられるような収穫まつりにしていけたら良いのではないかと職員間で話し合い、今の形の異年齢グループでのクッキングに変えてきています。大人が進めたりやり方を教えたりするのではなく、５歳児が考え、進める機会にすることを大事にしています。

現在はおうちごとにメニューが違い、今回、つきのおうちは、５歳児と保育者とで相談して「いもまんじゅう」を作ることになりました。５歳児からは、さつまいもとりんごのケーキ、みそポテトなどがあがり、特にみそポテトを作りたい（食べたい！）という意見が強かったのですが、みそポテトはみんなで作るには作り方が簡単で、すぐにできてしまいます。職員は、工程を増やし、さらに経験を広げることができるようなメニューはないかと思いをめぐらし、前の５歳児がつくった「いもまんじゅう」はどうかと考えました。そこで５歳児に紹介してみたのです。

「いもまんじゅうって知ってる？ 前のらいおんさんと一緒に作ったことがあるんだけど、いもをマッシャーでつぶしていものあんこを作って、それからおまんじゅうの生地も作って、その生地であんこを包むの。みんなで力を合わせないと作れないんだけど、前のらいおんさんはいろいろ力を貸してくれて、おいしいいもまんじゅうができたんだよね～」と話してみました。すると「え～作ってみたい！」「いもまんじゅうがいい」と関心を示し、やってみる気持ちになって、賛同してくれたのです。みそポテトは簡単にできるので、別の日にらいおんさん（５歳児）で作ろうということになりました。

いもまんじゅうは、いくつもの工程があり、少しむずかしい部分もあるので、体験を広げ、まなびを深めるのによい機会になるのではないかと職員で話し合いました。今年度の経験が来年度、またその次の年度と続いていったら良いなという思いも持ち、取りくみました。

当日のクッキングは、２つの異年齢グループにわかれておこないました。

やらない、つまんないという５歳児えみちゃん

ひとつ目のグループは、朝からエプロンをつけてやる気満々な子どもたち。でも、その中で５歳児えみちゃんは「やらない、つまんない」と消極的でした。朝、お父さんと離れるのが寂しくて泣いているえみちゃん。それがしばらく続いています。少しすれば元気になるし、昨日もほしのおうちの子たちがクッキングでつくったものをおやつで食べているのを見て、「つきは明日、つくるんだよね。早くつくりたい！」と楽しみにしていたのです。らいおんの仲間、あきちゃんとせいやくんは、えみちゃんが一緒にやろうとしないのを心配そうに見ていますが、無理に声をかけようとはしません。

さつまいもの皮をピーラーでむくところからクッキング開始です。５歳児が３・４歳児にお手本を見せてくれます。えみちゃんに「らいおんさんが２人しかいなくて、えみちゃんがいてくれたら助かるんだけどな〜。えみちゃんにもお手本やってほしいな〜」と担任が言うと、「そんなに言うならしょうがないなぁ」とえみちゃんはエプロンをつけ始めました。そしてそれからは楽しく参加することができました。

５歳児あきちゃんとせいやくんが「なんでやらないの」などのネガティブな言葉をかけず、その状況を受け入れ、えみちゃんが入ってきやすい雰囲気を自然につくってくれたからこそ、えみちゃんは、自分で気持ちを切り替えて参加することができたのだと思います。クッキングでも、えみちゃんは、５歳児のらいおんとして頼りにされていると感じることができ

て、それも参加のきっかけになったかなと思いました。

よく見て・考えて・工夫する

3・4歳児は、「やりたい！」と言ってみるだけでなく、5歳児のすることをじっとよく見ていました。年上の友だちのまねが得意な3歳児あやちゃんは、特に真剣に見入っていました。クッキングは直接教えてもらう以外にも、やっているところを見て、やり方をまなび、やってみたいという意欲を育むことができます。あやちゃんの来年、再来年の姿にたしかにつながっていくと考えると、貴重な経験になると思います。

5歳児のリードで進めながら、5歳児が自分たちで考え、話し合って決めていくことも大事にしました。生地を等分に分けるときには、何個に分けるのか、それには1個をどのくらいの大きさや量にするとよいのかなどを5歳児にたずね、考えたり話し合ってすすめたりできるように働きかけました。

グループの友だちが何人いるのかをみて、その数に生地を分けて、ちぎって丸めます。「このくらいじゃない？」と大体の量を手にとるえみちゃん。あきちゃんとせいやくんも、大きさを見ながら次々にちぎって丸めていきます。丸めた生地を見比べては、「こっち小さい」「これは大きいね」「じゃあ、こっちから少しとって、小さいやつにくっつけよう」「そうだね」と言いながら、同じような大きさにしていきます。でも、大きさに気をとられて、こっちをとったりあっちに足したりするうちに数への意識が飛んでしまい、全部の生地を丸め終わったら1個多くなっていました。「いもあん、いっぱいあるから、いっか！」と、多くてもよいことにみんなで納得。問題解決する姿にほっこりする場面でした。

5歳児のひと押しにこたえる3歳児

もうひとつのグループでは、最初のさつまいもの皮むきをみんなで順番にすることにし、5歳のあいちゃんが「じゃあ時計まわりで回していこう」と声をかけ、リードします。

さつまいもを包丁で切る時には、ひとつめのグループと同様に、3歳児、4歳児が5歳児のようすをとてもよく見ていて、あいちゃんから「ななちゃん（3歳）がすごい真剣に見てるんだけど～」と言われるほど。本当によく見ていたななちゃんでした。また、小麦粉をふるいにかける工程では、ふだんは初めてのことは見ていることが多い3歳児たくみくんが、5歳児からの「やってみる？」の声かけに「うん！」とこたえ、一緒に粉をふるう姿がありました。自分からはなかなか手を出さないたくみくんですが、同じグループの年上の友だちからのひと押しでやってみることができたのだなと思いました。

異年齢の友だちに支えられて挑戦したり、やってみようと気持ちを高めたりする姿が日常の中でたくさんみられるようになっています。それをさらに広げ、深めた収穫まつりのクッキングでした。4月からの積み重ねがあるからこそ、と思います。

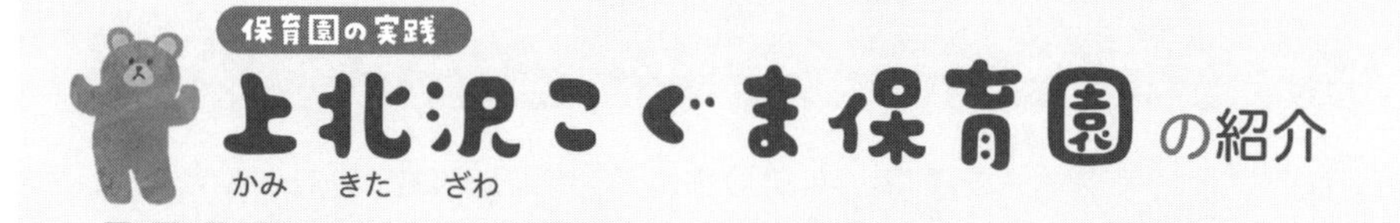

● はじめに

上北沢こぐま保育園は、2017年４月、東京・世田谷区に開園しました。2024年現在、定員は０歳から５歳まで90名です。

保育園は、子どもたちが昼間の生活をともにする大きな「おうち」です。子どもたちが自分らしく育ち、自らが生活の主人公となる保育をめざして、「１～５歳の異年齢保育」を実施しています。０歳児のみ年齢別保育です。クラスや集団の構成、また、１歳ちょこちょこ、２歳すくすく、３歳なぜなぜ、４歳ぐんぐん、５歳どんどんの呼び名は、多摩市こぐま保育園と同じです。

異年齢の３つのおうち（クラス）は、成長する子どもたちの姿を思い浮かべながら、実のなる果樹の名にしました。「りんごの木」「ぶどうの木」「みかんの木」です。

各おうちは約28名。３つの異年齢グループに分かれ、１グループは、各年齢２名前後、計８～10名の編成です。各おうちには、責任者として保育士1名がつき、各グループは保育士1名が担当します。なお、それぞれのおうちには４～５名の有期保育士を充てています。

年齢別保育の０歳クラスは「ももの木」、この後に紹介する地域事業には「びわの木」「ぐみの木」と、いずれにも果樹の名をつけています。

上北沢こぐま保育園の地域事業

当法人では、どの保育園・学童クラブとも地域とのかかわりを大切にしてさまざまな活動に取りくんでいます。上北沢こぐま保育園も開園当初より、園や保育が地域の共有の財産となり、地域の方々が安心して立ち寄れる「開かれた保育園」となることを願って、地域事業に力を入れてきました。主な地域事業を紹介します。

●一時保育室「びわの木のおうち」

一時保育室「びわの木のおうち」は、世田谷区の補助を受け、1～5歳を対象に、予約制により最大7名、それぞれ週3日程度、1日4～8時間の保育を、園の保育士が専任で担当します。家庭のニーズに合わせ、日数や時間の延長など柔軟な対応を心がけてきました。保護者との綿密な面談を大切に受け入れをおこなっています。

保育室の利用は、1・2歳児が多く、夏・冬期は、幼稚園の夏・冬休みに合わせ、幼稚園に通う就労家庭の幼児が多くなります。限られた日数でも、発達要求にこたえるあそびやかかわりが必要であり、幼児には、より広い場所や友だちとの関係づくりが求められます。2024年度からは、区より、さまざまな条件の子どもが共に過ごし育ちあうインクルーシブ保育の許容があったことから、一時保育の2歳以上の子どもを異年齢クラスで一緒に保育する方法に変えました。話し合いを重ねてのスタートでしたが、職員の心配をよそに、クラスの子どもたちは「お友だちが増えてうれしい」とよろこび、一時保育室の子どもたちもクラスの友だちとのあそびを楽しみ、そこにいることが当たり前だったかのように過ごしています。成長のドラマが楽しみです。

●「ぐみの木ひろば」

「ぐみの木ひろば」は、区の委託事業であり、小学校入学前までの地域の親子のためのおでかけひろばです。園の2階の広いホールで、たくさん遊んで、話して、親子がゆったり過ごしています。テラスや園庭で過ごすこともでき、夏には泥んこ遊びや水遊びを楽しんでいます。

保護者の方が何でも気軽に話せるように、また、すぐに答えは出なくても一緒に考えることができるようにと心がけ、保育士、給食の職員、看護師が交代で、育児の相談、身体測定、離乳食相談、健康相談、それに園内の見学などにも対応しています。地域他団体との連携を深め、離乳食講座や絵本の読み聞かせ、わらべうたあそびなどのイベントにも取りくんでいます。

●「こぐまのまなびば」

「こぐまのまなびば」では、月１回、夕方16～18時、小学１～４年生が２階のホールで宿題をしたり、興味のある活動に取りくんだりしています。卒園児を中心に10名前後の子どもたちが集まってきます。自主学習の定着や推進を図るための居場所づくりに向けた、スタート時のみ区の助成となる事業です。

●地域食堂「こぐましょくどう」

こぐましょくどうは、2022年秋にスタートしました。夕食のひとときを園内で一緒に過ごし、地域の方たちの居場所となるようにと願いましたが、コロナ禍であったので、保育園前の駐輪場で月11回50食のお弁当を配ることからはじめて現在に至っています。

炊き込みご飯や混ぜご飯を中心に、豚汁やおかずを提供し、園で大事にしている「食」を伝えるように心がけています。地域の方たちから期待される事業になっています。

経費は、区の補助金のほか、地域の方からのご寄付でまかなっています。また、フードロスをなくす活動をされている企業や団体と連携し、そこからの食材を園のお弁当と一緒に配ったり、その宣伝を児童館や子育て支援を担うところがしてくれたりと、縦横のつながりに支えられての運営です。園の子どもたちが地域の方と交流ができるように、職員と一緒に呼び込みをしたりコーナーの装飾をしたりしています。

（椎名 朝美　井原 明子）

MAP

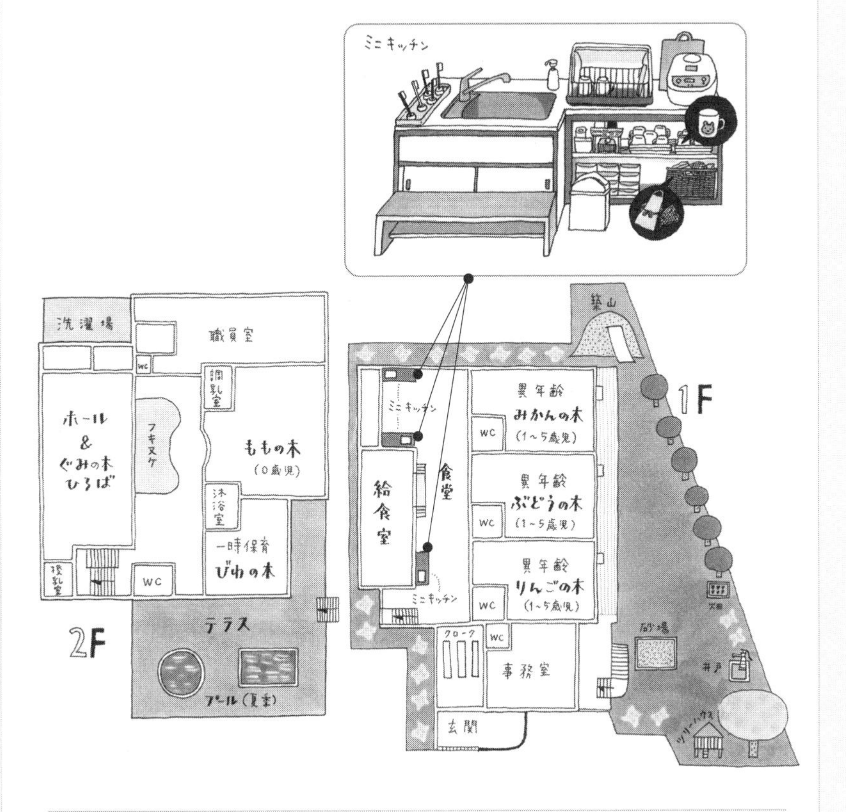

２階建ての園舎は、「子どもも大人も、地域の方々とつながって育つ園」をコンセプトに、話し合いを重ねながら設計しました。１階は、１～５歳児の「おうち」と給食室をランチルーム（食堂）でつなげました。１階と、２階の０歳室や地域事業のスペースをつなげるのは、大きな吹き抜けです。園庭に設けた「井戸」は、日ごろの利用のほか、災害時の水源確保も想定しています。

（小田桐 智美）

コロナ禍をくぐって みんなでつくったお泊り保育 ──「楽しい・おもしろい」をあきらめない

小堤 順子

できることをやる！──コロナ禍でのお泊り保育

上北沢こぐま保育園では、毎年秋に、保育園でのお泊り保育をおこなってきています。開園４年目の2020年度にはようやく５歳児・どんどんの入所人数がそろってきたこともあり、どんなお泊り保育にするか、楽しさいっぱい期待がいっぱい！……のはずでした。しかし、コロナ禍では「さぁ！ どんどんさんだ！」という喜びをみんなで共有することができないまま休園や登園自粛が続き、ようやく登園がそろう頃には、季節は夏を迎えていました。いつもなら４月から「どんどん会議」を積み重ね、自分たちで遊びを計画し、生活を組み立てているというのに。どれもこれも「コロナ」で中止や変更になり、地域で恒例になっていた夏祭りも取りやめになりました。

職員間では、なんとかお泊り保育はできないものかと話し合い、どうすればできるのかを懸命に考えました。子どもたちにも投げかけ、何をやりたいかを出し合ってみると、出てきたのは、「夏祭りがしたい」「花火がしたい」「お泊り保育で夏祭りをやりたい」というものでした。夏祭りをあきらめないで、お泊り保育でやればいいんだよ！という発想です。子どもたちが夏祭りの楽しい経験や、お泊り保育に挑むこれまでの５歳児の姿を記憶にとどめ、先の見通しにつなげていることがわかりました。コロナでいろいろ制限はあるけれど、「できることをやる！」と気持ちがひとつになった瞬間でした。

とはいうものの「話し合い」がすすまない

お泊り保育をどのような内容にしていくか。話し合い活動の積み重ねができていないので、はじめは押しの強い子の意見ばかりで決まってしまい、発言をあきらめる子がいるという状況でした。聞き合って考え、みんなで決めていくことが課題でした。一人ひとりの思いを出し合い、出た意見をホワイトボードに絵や文字で書きとめて、話し合っていることを目に見える形にするなどの工夫をしてみました。おうち（クラス）単位の少人数の話し合いも大切にしました。だんだんにどの子も思いを言葉にし、意見が対立する時は周りの子が取りもって、考え直したり納得して切りかえたりができるようになっていきました。大きな成長です！

「どんどん会議」を近くで見ているぐんぐん・４歳児は、真剣に考え合うようすがなんだか大人びていてカッコよくみえるのか、「ぐんぐんさんもぐんぐんかいぎをしなくっちゃ！」と張り切ってみたり、なんでもできる気分の３歳児は、通りすがりにちょっと耳を傾けて自分もすっかり「どんどん」になって会議をしている気になってみたり、年下の子には５歳児の会議が見慣れた風景のひとつになっていくようでした。

お泊り保育は、10月の初め、金曜日の昼寝の後から土曜日朝までと決まりました。

やぐらをつくって、こぐま音頭を踊って

夏祭りでは金魚すくい・射的・ヨーヨー釣りをし、そして自分たちで作る夕飯のメニューはカレーライス・そうめん・唐揚げと決まっていきました。食材の買い出しや、作るものの分担も決めました。お楽しみの花火大会は、大人からのプレゼントとし、何をするかは内緒です。

夏祭りをするならばやぐらを作ろう！ と大人の本気も見せたくなりました。ランチルームの太い柱を囲って下半分に紅白の布を巻き、その上に

準備段階

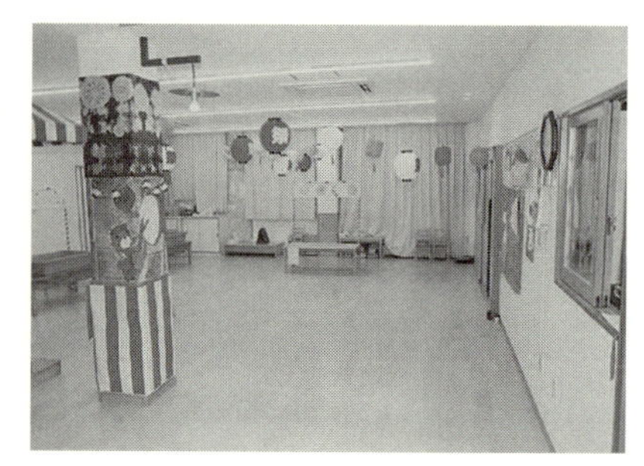
会場

はこぐまが太鼓をたたいている絵をぐるりと回し、さらにその上を夜空の花火の絵で飾りつけました。一週間くらい前からは提灯も飾って雰囲気を出し、やぐらのまわりで年下の子も一緒にみんなで「こぐま音頭」を踊りました。こぐま保育園から音源を借りてきた「こぐま音頭」は子どもたちの大のお気に入りです。

保護者のお泊り保育についての懇談会をおうちごとにおこない、とにかく実施できることを願う日々を過ごしました。

迎えたお泊り保育の日

そして当日！ お天気に恵まれ、感染症対策もばっちりできて、子どもも職員もウキウキしながら、さぁお泊り保育の開始です。お昼寝起きで少々眠い目の子どもたちでしたが、「お泊り保育が始まるよ！」の声にシャッキリ目を覚ましました。

スタートのお集まりをしてからそれぞれ分担の買い物に出かけました。

ウキウキし過ぎてお店までの道中を張り切り過ぎてしまい、帰りはスイッチオフという感じでグッタリする子もいて、「最初にはしゃぎ過ぎたんだヨ！」と友だちに言われ、笑い合う姿もありました。また、「ぼくが重いものを持つよ」と友だちを気づかう子がいて、そんなやりとりに大人は感動しきりでした。

園に戻ると「軽食」（おやつ）の時間です。子どもたちは、おせんべいとりんごを買ってきてテラスで食べ、ふだんとは違う特別感も味わいながら元気をチャージしました。そのようすを１歳から４歳の子が部屋からうらやましそうに見ています。「どんどんさんになったら自分もするんだ！」と期待しながらでしょうか。

夕飯作りから夏祭りへ

いよいよ夕飯づくりを始めます。プログラムは、夕飯づくり、夕飯、夏祭りの縁日の「屋台」へ――と目白押し。園のクッキングでは作ったことがない唐揚げもあったので、味付け、切り方、と職員の話をしっかり聞いて真剣に取り組む姿が印象的でした。また、お父さんが料理の仕事をしている子は、手つきがまるで料理人さんのようで、みんなビックリ！ おどろきと羨望のまなざしです。そんな新たな発見を共有しつつ、一緒に作り合う楽しさを満喫しました。

ソーシャルディスタンスをとりつつ、待ちに待った夕飯タイムですが、気持ちがいっぱいになってしまったのか、思ったように食事がすすまないところもありました。

そして食事の終盤には、チョコバナナ売りにふんした保育士がお面や看板を身につけて登場。１つめのサプライズは、夏祭り限定のチョコバナナのプレゼントです。「チョコ」は食べないご家庭があることを事前にうかがっているので、給食職員が試行を重ねて最大限、チョコレートに近づけたココアソースをつくってくれました。「デザートは別腹！」と、口の周りを黒くしながら美味しそうに食べる子どもたちでした。

食事がすんだら浴衣に着替えて縁日のはじまりです。お店は屋台風なレイアウトにしました。ここまでの体験でずいぶんと自信をつけてきた子どもたち。屋台の売り手と買い手を交互に経験し、店番ではみごとな客さばきを見せていました。買った物はお土産になります。しっかり握りしめて

「はぁ～楽しかった！」と深く息をつき、それからはやぐらを囲んで「こぐま音頭」を踊りました。

またもサプライズの花火大会

当日まで内緒にしていた花火大会。子どもたちがやりたかったことのひとつが花火大会でした。サプライズは、コロナ緊急事態への自粛生活で楽しい体験ができなかったこれまでを思い、感動いっぱいの、びっくりするような体験を子どもにさせたいと願う大人に計画させたことでした。

次々と上がる吹き上げ花火やナイアガラ花火のキレイだったこと！ 子どもたちは口をポカーンとあけ、まさに見入っていました。見るだけでなく、子どもも手持ち花火で参加です。初めての手持ち花火に「こわ～い」としり込みする子もいましたが、みんなの励ましで恐る恐る手に持ってみて、きれいな花火にうっとりしていました。

先生たちがお母さん

「夏祭り」がすんだらお風呂に入って就寝ですが、お風呂といっても園に湯舟はないので、いつもは入ることのない室内のシャワーを浴びました。こんなことも特別に感じられて「お泊りって楽しいね」と言い合っていました。シャワーのあとは、ドライヤーで大人に髪を乾かしてもらったり、子ども同士で乾かし合ったりして、ふだんの保育ではすることのない一つひとつを楽しみました。

寝る時間になると、盛りだくさんのメニューの中を駆け抜けてきたからなのか？ 深い眠りに落ちていく子どもたちでした。「きょうは先生たちがお母さんだね！」とつぶやく子がいましたが、安心して過ごすことができていたのなら本望です。夜中も起きることなくぐっすりで朝を迎えました。

朝は、園の周りをゆっくりさんぽして7時からのお迎えを待つことになっていました。でもさんぽは行かないことになりました。やりたいことがあったのです。それは「こぐま音頭」を踊ること。お迎えまでこぐま音頭を何回も踊りました。

お泊り保育を経験して年下の子への接し方が変わる

園内で感染者が出たらどうしよう、こんなに楽しみにしているのにできなくなったらどうしよう……とドキドキしながらの日々でした。大変だったけれど、心からの笑顔で楽しむ子どもたちから私たちは幸せをもらいました。

話し合い活動や、いくつもの初めての体験でたくさんのことを知り、この活動を経て５歳児はぐんと成長しました。目を見張るほどです。自分たちで考えて決める、などの体験が影響していると思いますが、年下の子との関係では、３歳児や４歳児のトラブルには、リーダー性を発揮します。泣いたりぐずったりしている１・２歳児がいると、どんなところでどう声をかけるか、のかかわり方がとっても適切で、その上、世話をしたり遊んだりしてあげながら「そろそろいいか」と頃合いを見ての引き上げ方が感心するくらい上手です。小さい子をかわいがり、小さい子たちは、そういう５歳児がもっと好きになり、５歳児に遊んでもらいたくて「今なら遊べるか」と機会をうかがう姿が見られます。

５歳児がすることは自分もできると思っている３歳児は、５歳児ばかりずるい！と対等の気分満々で、ますます意欲をふくらませるようになりました。また、５歳児がいないときの４歳児は、当番活動や小さい子の世話をしっかりこなして年長児の役割をにない、達成感や満足感、誇らし気な気分を味わっているようです。異年齢の関係にも育ちにも成長をもたらすきっかけとなる取りくみだったと振り返っています。

0歳児の保育
—五感を大切にした保育をめざして

茂木 常禎・三輪 穂奈美

保育目標の設定

上北沢こぐま保育園は、1～5歳児の異年齢保育を実施し、0歳クラスのみ年齢別保育です。乳児期の保育の充実を重視し、1歳からの異年齢保育につなげます。

0歳児「ももの木のおうち」は、子ども9名、保育士4名、パート職員2名のクラスです。この年は0歳クラスの保育目標の1つに、『五感を大切にした保育』を掲げ、感覚遊びの実践に取りくみました。外からの刺激を受けて育つ「見る・聞く・味わう・触る・嗅ぐ」の「五感」の育成は、生命維持や認知・認識活動に不可欠と考えます。

この目標は保護者とも共有し、活動をおこなった際には毎月配信しているクラス便りとは別に、そのようすを“クラス便り特別号”として発信していきました。コロナ禍であり、保護者が保育園での子どもたちの遊びのようすを直接見ることができない状況にありましたが、口頭でお伝えする他にも、お便りを配信するという形で子どもたちの姿を積極的に伝えていきました。

絵具を使ったペイント活動

●はじめての絵具にふれて、大人と一緒に手形を押してみる

8月に初めて絵具にふれる手形押しの活動をおこないました。子どもの反応を見ながらゆっくり手に絵具を塗っていきました。クミちゃんの手に絵具を塗ろうとした時に、少し戸惑っているように感じました。何をするのかわからないままに誘われたら不安だろうと思い、大人が先に自分の手に絵具をつけてやって見せました。よく見ていたクミちゃんはわかり、安心したようで、自分から絵具にさわって紙に手を押しつけていました。

また、手形を１回押してみたメイちゃんは、１回押すだけでは足りなくて「もっと」と要求し、紙を追加して、何度も何度もペタペタと手形押しを楽しんでいました。保育者や友だちの姿を見て参加する子どもたちが増えていきました。そのようすを見て、次に計画したのはボディーペイントです。

●ボディーペイント１回目――遊びで気持ちが満たされると

夏の活動では、水遊び、プール遊び、氷遊びなどを体験しました。手形スタンプではダイナミックに絵具の感触を楽しむ子がいる一方で、絵具にさわりたがらない子もいました。そこで、９月におこなったボディーペイントでは、苦手な子もゆっくり参加できるように場所を分けたり、絵具に直接さわるのが嫌な子のためにスポンジや筆を用意したりしました。それでも絵具にさわるのがいやな子がいました。ナルくんです。

ナルくんは、保育者が遊びに誘っても絵具に近づかず、少し離れた場所から友だちがボディーペイントをしているようすをじっと見ていました。ボディーペイントをした日の夕方、絵具が乾いたところを見せながら「ペタペタしたね～」と声をかけると、絵具がつかないことがわかったナルくんは、模造紙に両手をつけて、手形をつける真似をしたり、その上を歩いたりという遊びを始めたのです。絵具にふれるというかたちでの参加はできなかったけれど、まわりのようすをよく見ていて、関心を持ち、やってみたい気持ちはあったのだなということが感じ

ダイナミックに手形を押す

られました。

また、手形押しでダイナミックな姿を見せていたメイちゃん。メイちゃんは、食事の途中で集中が切れて立ち上がってしまい、終わりにすることが多かったのですが、ボディーペイントをしたその日は、完食し、おかわりまでしました。そして、今まで抱っこでの寝かしつけが中心だったのに、その日はベッドに横になりトントンで眠ることができました。遊びで気持ちが満たされたことが食事や睡眠につながっていくのだと実感できたできごとでした。

●ボディーペイント２回目

２回目のボディーペイントは11月におこないました。絵具にさわるのが好きな子と苦手な子を混ぜ、より少人数のグループでしてみました。はじめのグループに参加したセイくんは、まだまだやりたそうだったので、次のグループにも参加するなど、その時の子どもの姿に合わせて柔軟に対応しました。

前回、絵具にさわるのが嫌で離れて見ていたナルくんは、今回は担任の膝の上にすわり、近くでじっと見ていました。そして最後に人さし指を出して自分からちょんっと絵具にさわってみたのでした。また、この時にもやはり１回目の時と同じように、夕方の保育室でボディーペイントのまね

絵具に触る

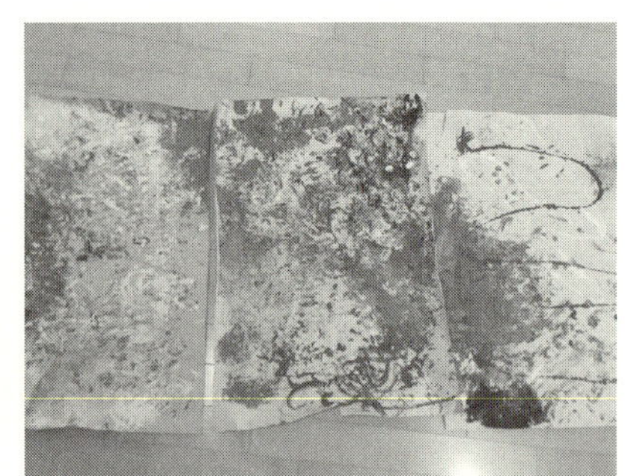

第３回ペイント

をして楽しむようすがみられました。

●ボディーペイント３回目

３回目は３月におこないました。準備の段階から子どもたちと一緒にはじめて、ペイント活動への気持ちを盛り上げていきました。直接さわるのが嫌な子どもたちに向けて、絵具の上にラップを重ねたものを用意してみました。今回、大人を驚かせたのは、ずっと絵具をさわるのを嫌がっていたソウくんの変化です。ソウくんは、絵具はもちろん、食材にふれる活動でも、野菜の皮が手に乗っただけで“イヤイヤ！”と顔をしかめていました。しかし、活動を繰り返していくうちに野菜にさわれるようになり、そして３月のボディーペイントは自分から思い切り絵具にさわりに行き、ペイント活動を楽しんでいたのでした。

何回も活動を重ねる中で、子どもたちの変化がありました。“この子は絵具にさわるのが苦手な子だから……”と決めつけてしまうのではなく、子どもたちのペースに合わせながら活動を計画していくこと、そして大人も一緒に楽しむことが大切だと感じました。

食材にふれる活動

●大根を見て・持って・むいた皮にさわってみよう

絵具での感触あそびと並行して食材にふれる機会を設定していきました。給食職員と「どんな活動ならできるか？」と相談しながらすすめました。

ふだんから給食で食べている大根。切る前の大根を見たら子どもたちはどんな反応をするだろう？ 切る前の大きな大根を用意してもらい、一人ひとり順に持たせてもらいました。その後に給食の先生がピーラーで皮をむき、角切りにしていく過程を見ました。どの子も興味津々です。むいた皮を渡すと、うれしそうにさわる姿がありました。もちろん苦手な子もいて、大人にしがみついている子もいます。

次の日、給食に大根がでました。タカくんは、今まで指でつぶしてしまうだけでほとんど食べなかった大根を、食べていました！昨日見た大根と目の前の大根がつながっているのかはわかりませんが、何かのきっかけになったのではないかと感じました。

大根を見てみよう

●かりんの実を切って中を見る

ソウくんが園庭で遊んでいる時にかりんの木に実がなっているのに気がつき、さわってみると実がとれてしまいました。翌日、給食職員にかりんを切ってもらい、中身を見てみました。ソウくんは、「昨日とったあれだ！」と覚えていたのか、かりんの実を見るとハッとした表情を浮かべ、すぐニコニコとうれしそうな笑顔になりました。また、給食職員がその日の食事に出る豆腐も一緒に持ってきて、切るところを見せてくれました。少し豆腐にさわらせてもらう経験もしました。子どもたちの姿を見て、「豆腐って感触がおもしろいね。感触あそびになるかな」と担任は話し合いました。

●「豆腐で遊ぶってどうなの？」──給食の麻婆豆腐づくりへ

「感触を楽しみながら手指の発達をうながす」という担任の思いがあってのことでしたが、給食や園運営にかかわる職員も加わった話し合いでは、「食べ物で遊んで、捨てる」ということをどう考えるか、賛否両論の意見が出ました。話し合ってたどりついたのは、給食の麻婆豆腐づくりのお手伝いとして、豆腐を手でつぶす活動をしてみるということです。

実際にしてみると一。指でつついてみる子、握りこんで豪快につぶす子、食事では指でつまんで食べているのに、あまりに大きいからか、それとも器が違うからか、ふれられない子と、さまざまでした。

豆腐をつぶすお手伝い

豆腐をつぶした後は、用意したガスコンロや鍋を使い、目の前で麻婆豆腐をつくってもらいました。においもしてきました。その日の給食で出た麻婆豆腐はもともとみんなの好きなメニューでしたが、いつにも増しておいしそうに食べていました。でも、豆腐の苦手なナルくんは麻婆豆腐を食べることはできませんでした。担任も「やっぱりすぐにはむずかしいよな」と思いましたが、次の日、ナルくんはみそ汁の中の豆腐をたくさん食べたのです！「子どもの中につながっていくものは必ずあるんだ！」と思うことができてうれしい気持ちになりました。

感覚器官であり、運動器官でもある「手」は、「脳」と密接につながることから、外に出た第二の脳といわれています。それをいかに刺激していくのか、コロナ禍で当たり前のことができない苦しさやむずかしさを感じながら、できることを考え、活動に生かした１年でした。子どもの姿を見て、話し合い、記録に残すことが大切であり、そこからいろいろと発見し、学ぶことができました。

成長著しい１年を経て、子どもたちは異年齢クラスへと進級していきます。

ランちゃんが大事にもっていたカードだね

展開：夕方、４・５歳児４人と保育者がトランプのゲーム「神経衰弱」を始めると「(ラン) チャンもヤータイ！」と１歳児ランちゃんがやってきて保育者の膝にすわり、カードを1枚ひいた。エース。５歳児フミちゃんが「もう１枚ひいていいんだよ」と言うと首を振って大事そうに今ひいたエースのカードに手を置いている。「ランちゃん、そのカード大事なんだね」と４歳児エミちゃんが言った。

ゲームが進み、５歳児テツくんがエースをひき、ランちゃんのカードを取ってペアにした。カードを取られて泣き出すランちゃん。フミちゃんに「テツくん、先生が持っているエースと交換したらどう？」と言われてテツくんがカードを交換し、ランちゃんは泣き止んで戻ってきたカードに再び手を置いた。ランちゃんはお迎えが来て帰っていった。

２回戦目を始める。だれかがエースをひくと「さっきランちゃんが大事にもってたカードだね!!」と４歳児トムくんが言い、みんなで笑顔をかわしていた。

考察：このところ思い通りにいかないと噛みつきが見られるランちゃん。自分がひいたカードを持っていたい思いを年上の子に受け止めてもらって、ランちゃんの気持ちは落ちついたようです。幼児が1、２歳児に遊びをじゃまされたと感じてトラブルになることがありますが、そんな時は保育者がそれぞれの思いを伝えるように意識しています。

ランちゃんが泣いている理由やどうしたらいいかを考えながら遊ぶ４・５歳児の姿が印象的でした。

（加藤 望）

3章

実践・学童クラブ編

永山小学童クラブ

永山学童クラブ

貝取小学童クラブ

貝取学童クラブ

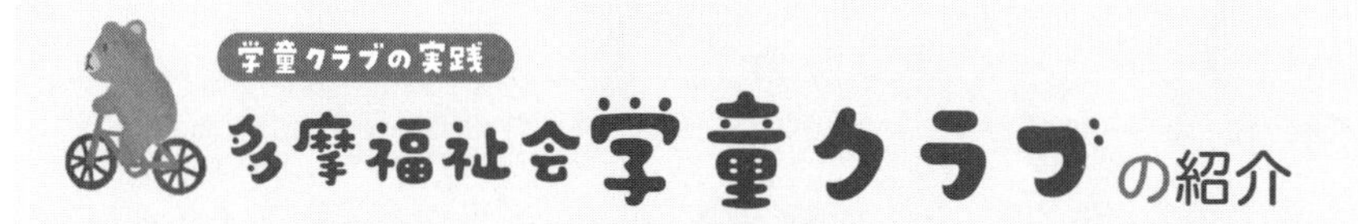

1. 概要

当法人では、４施設の学童クラブを多摩市から受託し、運営しています。いずれも東京都学童クラブ実施要項が定める「都型学童クラブ」です。

学童クラブとは、保護者が就労等で昼間家庭にいない、小学校に就学している児童に対し、放課後に遊びや生活をとおして健全な育成を図るところです。多摩市の学童クラブは、原則１～４年生を対象とし、８月に限り５・６年生が入所できます。また特別支援学校や特別支援学級に通学している児童は５・６年生まで入所対象となります。

育成時間：下校時～18時。学校休業日（夏・冬休みや土曜日など）は８時～18時。
19時までの延長時間制あり。
降　　所：17時に集団降所。それ以降は保護者の迎え。

2024年９月１日現在

施設名、設置場所など	設立・受託年	定員	職員数	グループ担当制開始
永山小学童クラブ 小学校敷地内専用施設	新設受託 2008年	70人	正職　４人 有期　13人	2018年
貝取学童クラブ 独立施設	公設公営施設を受託 2011年	70人	正職　４人 有期　７人	2017年
永山学童クラブ 児童館併設施設	公設公営施設を受託 2015年	70人	正職　３人 有期　７人	2024年
貝取小学童クラブ 小学校敷地内専用施設	新設受託 2020年	80人	正職　５人 有期　19人	2021年

※職員数：「正職」に施設長１人を含む。「有期職員」には支援・加配職員及び事務職員を含む

2. 生活をたいせつにするグループ担当制

当法人学童クラブは、「生活」の場が少しでも家庭的で、「安定的継続的」（「放課後児童クラブ運営指針」）に過ごすことができるように独自に職員を増員し、また、「グループ担当制」を取り入れて育成をしています。

受託当初、定員70人の永山小学童クラブは学校の１クラスの倍以上の人数の子どもたちが在籍していました。おやつは配膳をして一斉に「いただきます」をするまで長時間を要し、子どもにとっては待ち時間が長く、貴重な遊び時間が減ってしまいます。どの子も等しくていねいに保育育成したくても、職員のスキルや努力に頼るだけでは限界があると感じていました。砧保育園園長の伊藤亮子先生から、学童クラブは子どもにとって第二の家庭であることから小集団に分け、固定の職員が担当する「グループ担当制」にしたらどうか、という提案がありました。

ワンフロアの育成室と10畳ほどの和室が１室の施設に、グループごとの場所をどう作るかなどむずかしい面もありますが、模索を重ね、地域別の小集団（20数人）編成にして固定の職員が担当するグループ担当制をとり入れるようになってきています。やってみて感じるのは、次のようなことです。

＊生活の流れがスムーズになり、遊びの時間が増えた
＊グループへの帰属感が醸成され、子どもたちの自発的な行動が増えた
＊担当職員との信頼関係が深まった。大人にも余裕が生まれ、一人ひとりの児童の小さな変化に気づきやすくなった
＊クラスや学年を越え、地域の友だちとつながり、保護者同士のかかわりが生まれている

登所から帰宅まで、もっと長い目でみると入所した時から卒クラブま

で、同じチームの職員が（異動があれば別ですが）育成しています。

3. グループで育ちあう子どもたち

子どもたちは、遊びの時間はグループ関係なく遊びますが、宿題やおやつの時間はグループで過ごし、帰りの会もグループでの活動となります。夏休みなど１日育成になると朝の会やお昼のお弁当の時間が加わります。グループではテーブル拭きや会の司会進行などの当番活動があり、自分たちで生活を主体的に運営する体験を積み重ねています。食欲や体調の変化、さらに宿題への取り組みや友だちとの関係がどうなっているかなど、職員はもちろん子どもたちもお互いをよく知ることになり、困ったことが起きたときには助けあい、かかわりを深めています。

なお、行事や「お店屋さん」などの協同活動や希望者で編成する委員会や係活動など、グループとは別に取りくむ活動も多々あります。子どもの発案や話し合いを大切にしています。

国連子どもの権利委員会は、乳幼児期を０～８歳までと提起しましたが、小学校低学年の子どもはこの範ちゅうにあり、親密な大人との安定した関係の中で育つことが求められます。そのためには、それに等しい職員数や場所の確保が必要です。日本の学童保育は保育園保育と同様、手狭な環境で、大人数の子どもを少ない育成者が担当する状況にあり、育成者の身分保障とともに国レベルでの早急な条件整備がのぞまれます。

4. 保育園保育と学童保育との連続性

「こぐま保育園」は、法人４学童クラブと同じ多摩市内にあり、卒園児が４学童クラブに在籍しています。そのため114頁・121頁の実践にあるように、保育園時代の子ども同士の関係性が学童クラブに継続、接続し、それをもとに友だち関係が広がっていったり、異年齢保育であるがゆえに年上の子の卒園就学で一度途切れた関係性が年下の子の学童クラブ入所で再会復活し、他の友だちとも横につながってかかわりが発展することもあります。こぐま保育園の異年齢保育で６年間紡がれたかかわりがあるからこその関係性の縦の深化、横の拡大といえます。

また、保育園と学童クラブの職員が子どもの育ちや課題を共有して保育にあたることは、子どもを継続して見守る点において職員、保護者にとって有意義なことと思われ、そのような関係が法人内ではつくりやすいともいえます。さらには法人内に限らず、保育園と学童クラブがつながり、みんなで子どもの育ちを見守る関係が地域に育まれる必要があるのではないでしょうか。

5．学童クラブの施設紹介

● 永山（ながやま）小学童クラブ

永山小学校の敷地内にあり、学校の６時間目が終了すると校庭が利用できるので、毎日校庭でサッカーや野球、鬼ごっこなどで思い切り体を動かし、遊んでいます。学校行事との兼ね合いもありますが、雨の日は体育館が利用でき、学童クラブの行事の時は特別教室も利用できます。少しでもゆったり遊びたいので、学童クラブ施設のテラスを活用したり玄関前のスペースでコマ遊びをしたりしています。学校帰りの卒クラブ生が気軽に立ち寄れるのは、学校敷地内のメリットでもあり、コマ遊びに飛び入りで参加したり（卒クラブ生の友だちや学校の先生、地域の方も技を披露してくれます）、時には「（家の）鍵忘れた！」と駆け込んできて緊急避難したりする子もいます。

学校内にある特別支援級の児童も学童クラブに在籍していて多様なかかわりが可能になっています。（実践⑤⑥、コラム①）

● 永山（ながやま）学童クラブ

こぐま保育園の隣の児童館２階にある学童クラブです。こぐま保育園の年長さんを「お店屋さん」に招待して、学童クラブの子どもたちと一緒に遊ぶなど日常的に交流しやすい環境です。

永山小学校に近く、永山小学童クラブと一緒に学校施設も利用しています。目の前が公園なので学校校庭と合わせて外遊びが楽しめます。

育成室の前のベランダが南向きで広く、プランターで栽培したトウモロコシやトマトをおやつで食べることもあります。（実践④、コラム④）

● 貝取（かいどり）学童クラブ

子どもたちが通う小学校が学区や地域を越えて２校以上あるため、学童クラブに全員揃うのに時間がかかることもあり、各学校との下校時間の確認を密にするようにしています。

地域別の３グループ編成によるグループ担当制を最初に実施したところです。グループの呼称を子どもたちと一緒に考え、初年度はスポーツチーム由来の「レアル」「サムライブルー」「イーグルス」でした。

占有の庭があるので自由に外遊びができます。毎日やっているドッジボールがグループ対抗のドッジボール大会へと発展したりしています。果実系の樹木などもあって緑豊かな施設です。星空親子映画会を園庭で実施したこともあり、独立施設の特徴を生かした取り組みが可能です。（実践③、コラム③）

● 貝取（かいどり）小学童クラブ

小学校の敷地内にあり、学童クラブの室内から校庭遊びのようすを見ることができます。

コロナ禍で全国の小学校が一斉休業したのと同時の運営受託となったため、グループ担当制の本格実施は２年目からとなりました。地域別の３グループ編成とし、フロアをロッカーで間仕切りしてグループごとの場所を設けています。

小学校の特別支援学級に在籍の児童も入所し、多様で豊かなかかわりができることも特徴です。

さらに、「貝取小学校放課後子ども教室」事業を当法人が2023年度から運営受託しているので、学童クラブ以外の友だちとかかわることができ、校庭では１年生から６年生まで分けへだてなく交流し、遊んでいます。（実践①②、コラム②）

各学童クラブでは、保護者と一緒に行事や研修（親子学習会）に取りくむなど、保護者との共同を大切にしています。また、各小学校、市内の保育園、子育てや療育の専門機関・施設と連携し、育成にあたるよう心がけています。公設公営の時代からさまざまな楽しい活動が企画・運営されてきました。子どもたちの豊かな毎日を願ってみんなで発展させていきたいと思います。

（和田 玲子）

話さないと決めた
──けれど、仲間と「楽しい」を共有して

岡 真理子

はじめての場所への抵抗感

貝取小学童クラブには、１年生から６年生まで80名の入所児童がいます。25〜30名程度の３つのグループに分かれ、それぞれ担当の職員がつきます。

３年前の春、新しい場所へ踏み出すことへの抵抗感が人一倍強いというケイくんが入所してきました。はじめてのことが苦手で、集団活動も参加が困難でした。はじめは学童クラブの建物の中に入ることもむずかしく、まずは室内に入ることが目標となりました。

新学期が始まると、職員は小学校から帰ってきたケイくんに寄り添い、玄関の外で話しかけながら過ごす日が続きました。しばらくすると、部屋に入れるようになり、もとより会話は少なかったものの、７月ころからは、ジェスチャーや筆談での意思疎通をするようになりました。本人は筆談を気に入っているようすで、自分のしたいことや困っていることを文字で書き、伝えるようになりました。

お迎えに来たお母さんに、「最近、全然、ケイくんの声を聞いていないのだけれど……」と話しかけると、「ケイがこの前、『学校では話さないと決めた』って言っていました」。わけをたずねると、「さあ…それはわからないですけど、家ではメチャメチャしゃべります。うるさいぐらい」とおしえてくれました。こうして私は、ケイくんにとって、どうやら学校と同じ敷地内にある学童クラブも、「話さない場所」と認定されたのだと知ることになったのです。

ケイくんは誰かと一緒におやつを食べませんでした。食べ物を口にする時はマスクを引っ張り、マスクの下から口に入れて食べます。室内で過ごせるようになってからも、お弁当やおやつの時間になると玄関に走って行き、小さな机や玄関の隅を指さして「ここで食べる」とアピールします。大人の目標は、室内で食べられるようになることでした。

ケイくんは、心に決めたことは貫き通し、拒否を表す方法として外に出て行ってしまうことがしばしばありました。妥協案を相談してみたくとも、反応がジェスチャーなので糸口を見いだす手札が少なく、遊びの中のささやかな反応を共有しながら手探りの毎日を過ごしました。他の子が視界に入らない個室や図書室を提案し、おやつを用意しておくと、一人でそっと入っておやつを食べるようになっていきました。

なんでしゃべらないの？

夏休み明けにグループの職員で相談し、ケイくんの席を同級生ルイくんの隣にしました。ケイくんに新しい座席表を見せると、チラッと見てうなずき、そのまま立ち去りました。後日、席替えをしました。静かに新しい席に座るケイくんに、ルイくんが「やった！ ケイくん、おとなりだね」と笑顔で声をかけ、ケイくんも首を縦に振って答えていました。

ある日、ルイくんが「ねえ、ケイくんってなんでしゃべらないの？」とケイくんに聞きました。ケイくんは首をすくめ、両手を広げて「さあね……」と言わんばかりのジェスチャーで返しました。その時のことを、そばにいた職員のヨシ子さんは、「ルイくんは何てこと聞くんだ！とビビったのは私だけで、本人たちはごくごく普通の会話だったんですよ。だってその後も今まで通り筆談やジェスチャーで一緒に遊んでいるし。大人だったら気まずい雰囲気になりますよね？でもそのまま。私、『すごい！ 自然な対話だ』って何か感心しちゃって……」と振り返ります。

一緒に食べよう！

秋に「おみせやさん」という行事がありました。ケイくんがおやつを食べていた個室も行事で使います。その日、普段と違う状況が苦手な、同じグループの４年生のケンタくんが玄関から動けずにいると、ケイくんがやって来ました。ケンタくんを見守っていた職員のユズ子さんが「３人でお店回る？」と声をかけると、二人ともうなずき、一緒にお店を回ることになりました。

射的やボーリングを楽しみ、「つぎは焼きソバを食べよう！」と声をかけると、ケイくんは黙って動かなくなりました。「オレとユズ子さんと３人で食べるなら、よくない？」とケンタくんも言いますが、ケイくんは黙っています。でも嫌そうではないので、ユズ子さんが、「オッケーなら右手、嫌だったらこっちの手を叩いて教えて！」と手を出すと、ケイくんは右手を叩きました。ケンタくんが「今ならあそこの端っこが空いているから、一緒にやきそば食べよう」と言い、「飲食コーナー」に行きました。

他の子がいる中、焼きソバを食べるケイくんを初めて見ました。学校の給食は、廊下に机を出して段ボールで仕切り、他の子との視界をさえぎって一人で食べるというケイくん。学童クラブのおやつも図書室で食べます。そのケイくんがみんなと一緒の席で「焼きソバ」を食べています。遠くから見守る職員はみな、気づかれないように、こっそり喜び合いました。

しかし次の日、「いけるかな!?」と図書室の扉を閉めておいたものの、ケイくんはキッパリ拒否。首を横に振り、図書室を指さして「ここで食べる」と猛アピールです。一筋縄ではいきません。ところが翌日からケンタくんが「オレもここで食べていい？」と図書室に入ってくるようになりました。ケンタくんは、「ケイくん、昨日も一緒に食べたよね、オレのこと好きだよね！」と声をかけますが、ケイくんは首を動かすことはなく静観。「あれ？ 返事してくれないなあ……」と言いながら隣に座るケンタくん。はたしてその日、ケイくんはそのまま隣に座ったケンタくんと一緒におやつを食べました。その日を境に図書室には他の子も入ってくるようになり、そしてケイくんは誰かと一緒におやつを食べることに対する抵抗がなくなっていったのです。

ぐんと成長──自分の席で食べる

次の年、一つ下の弟、シュンくんが入所し、ケイくんはぐんと成長します。一年前の自分を再現するかのような弟を、ほどよい距離感で気にかけつつ、まるで見本をみせるように自分のしたいあそびをするのです。シュンくんは兄にちょっかいをだすことが多く、怒ったケイくんときょうだいげんかになることもありますが、もともと仲良しなので、夕方、子どもたちが少なくなる時間には、楽しそうに「くっくっく……」と我慢しきれずに笑い声がもれてくることもしばしばでした。きょうだいそろって図書室でおやつを食べていた時期を経て、夏休み明けにはそれぞれ自分の席で食事やおやつを食べることができるようになっていきました。

たて笛をハンドベルにかえて──お楽しみ会初の楽団結成へ

秋も深まり、お楽しみ会の季節が近づきました。貝取小学童クラブでは、12月にゲームや出し物を楽しむお楽しみ会をします。みんなが楽しく過ごすために3年生が会議を開き、集団ゲームを企画したり、出し物（有志）の募集をしたりします。3年生は、当日も、会の司会やゲームの進行役を担い、おやつを配ったり、サプライズで毎年届くサンタさんからのプレゼントの紹介をしたりします。

『お楽しみ会　出し物参加者募集』の貼り紙を見た同じグループの2年生マサトくんが「ぼく、出し物でダンスを踊りたい」と言って来ました。大好きなアイドルグループの歌に合わせて踊りたいと言い、それを聞いた女の子が「えー！ いいな～」と言うので、「じゃあさ、マサトくんの踊りに合わせてみんなで歌っちゃう？」と提案するとマサトくんは「いいよ！」とうれしそうに答えました。ケイくんが通りかかったので、「ケイくんも一緒にどう？」と誘うと、縦笛を吹く真似をします。私は突然のことに「え？ 今なんて？」と聞き直しました。ケイくんは、もう一度、笛を吹く真似をします。「楽器を演奏しちゃう？」と聞くと、ケイくんは大きくうなずき、ニヤッと笑うではありませんか。「ケイくん、笛吹けるの？」と、私が素朴な疑問をぶつけると、両手を開き、首をすくめて「さあね」のジェスチャーです。それを聞きつけてみんなが集まってきました。「えー！じゃあオレも歌う」「わたしはタンバリン！」「何だか楽しいね、楽団結成みたい」と話が一気に大きくふくらみました。

「笛吹いたことあるの？」と聞くと首を横に振るケイくん。お迎えに来たお母さんは「家に笛はない」と言います。翌週、ケイくんのお母さんが実家から取り寄せたという「母が昔、使っていたリコーダー」が届き、ケイくんからは、「笛、ムリ」と書いた紙を渡されました。

お母さんによれば「やっぱり、いきなり笛を吹くのは無理でした」とのこと。そこで、私は大人の出し物に……と借りていたハンドベルを見せて「たて笛の代わりにやってみない？」と提案してみたところ、ケイくんは「うんうん」と大きくうなずきます。そんなわけで、めでたく、お楽しみ会初のグループ楽団、レインボー楽団結成の運びとなりました。ケイくんは、「いっしょにやる人、なまえかいて」と紙に書いて積極的に参加者募集活動を開始。参加を呼びかけています。ケイくんは一度やると決めたらがんばるのです！

まさかの音出しの失敗を乗りこえて

サビをハンドベルでソロ演奏するのはどうかと提案すると「うんうん」とうなずくケイくん。やる気のようです。とはいえ、学校の学芸会にも顔を出さないケイくんは、人前での練習はしません。私はスケジュール表を作り、ケイくんと「本番の一週間前からは、みんなと一緒に練習すること」「毎日みんなが歌の練習をする会に同席すること」という、ふたつの約束をしました。ハンドベルの音を鳴らす順番を紙に書き、練習開始です。ところが私の同居家族がコロナに感染し、私もお休みを余儀なくされてしまいます。でも、たくさんの人に助けてもらい、ケイくんの練習は滞りなく進みました。音の順番表は、職員のクロイさんが数字化してくれて、わかりやすい「楽譜」に変身。ケイくんはそれを大切に保管し、一生懸命、練習を続けていました。職員のノリさんは、ケイくんに日々寄り添い、歌とダンスの練習にともに参加するなど、さまざまなフォローをしてくれました。

そしてお楽しみ会本番。レインボー楽団の晴れ舞台で、なんとケイくんの演奏に合わせた音出しが失敗。大人も、合唱隊やダンスチームのみんなも、固唾を呑んでケイくんを見守ります。手に汗握る中、ずっと一緒に見守ってくれたノリさんの「もう一回、できる？」という声にうなずくケイくん。お楽しみ会なのに、ただならぬ緊張感が漂う中、ケイくんは二回目の演奏を練習通りやってのけました。グループのみんなも歌とダンスを披露することができました。最後に全員が笑顔で「ありがとうございました！」とあいさつした瞬間、ケイくんは舞台の端っこでニコッと微笑み、ノリさんとお辞儀をして退場しました。

私は今までのケイくんを見ていて、二回目ができるとは想像できませんでした。でもノリさんは「できると思ったよ」と、笑顔で振り返ります。毎日の練習で積み重ねた自信と、みんなで歌ったり踊ったりした楽しい時間が、「もう一回」にしっかりつながったのだと思います。

３年生になったケイくんは、「話さない」というスタンスを維持したまま、日直やおやつの配膳などの役割をグループの仲間たちと一緒に果たしたり、学童クラブ対抗「ドッジボール大会」に参加したりしながら、学童クラブでの日々を過ごしています。

みんなでつくったはじめての行事 ──「お店屋さん」

舩越 久美子

ドキドキ、ワクワクの３年生会議

貝取小学童クラブ（１～６年生、定員80名）を市から受託した年の10月に、３年生主体の行事として「お店屋さん」をおこないました。これまで３年生は、上級生としてリーダー性を発揮し、行事を担うという経験がなく、中心となって行事の運営にかかわるのははじめてのことです。このお店屋さんが今後の貝取小学童クラブの行事の基盤になるのだと思うと、新型コロナウイルス感染症が流行しているなか、どうすすめればよいのか若干プレッシャーもありますが、それでも行事が好きでわくわくしている自分がいました。子どもたちにとって楽しい体験になるよう、まずは３年生会議を開くことから活動開始です。

３年生に、「９月30日に３年生会議をするからねー！」と伝えると、「え？」「そんなのあるの!? 何するの!?」「なんで集まるの??」と興味津々、興奮気味の子どもたち。その日の会議をとても楽しみにしているようでした。そして、迎えた３年生会議の当日。１日の流れを書いたボードに「３時に図書室で３年生会議をします！」と書いた紙をはりだしました。会議の時間が待ち遠しくて「まだなの？」と何度も聞いてくる子もいます。

時間になり、図書室に集まった３年生に「これから３年生主役のお店屋さんをします！」と伝えました。「なにそれ？」「なにやるの？」「３年生が主役なの？」と次々と声があがります。「１、２年生がお客さん、３年生がお店屋さんになって景品をあげたりゲームをしたりするよ」と説明すると、「いいね！」「楽しそう！」とみんなノリノリです。さっそくどんなお店屋さんにするのか話し合いました。たくさんのアイデアが出て、決まったお店屋さんは、「射的屋さん」「ボーリング屋さん」「スーパーボール屋さん」「プラ板屋さん」でした。それに大人からの「焼きそば・ラムネ屋さん」が加わります。次にどのような準備が必要かを話し合いました。

・お店の内容やルール、景品について相談し、計画書をつくる

・看板づくりなど外装準備

・スタンプカードにスタンプを押す場所や景品コーナーの位置決め

・景品を作る　・当番決め　　・前日練習

などがあがりました。

担当するお店が決まらない ──バスケットボール屋さんを追加する！

ここまでは順調に進みました。でも、だれがどのお店屋を担当するかというところで、この活動一番のむずかしい場面をむかえることになりました。基本的には各自やりたいお店の担当になるのですが、ある程度、適正な人数配分にしないとお店の運営がまわらず、すべて希望通りにはいかないのが悩みどころです。希望をかなえたいけれど、第二希望のお店に変更してもらうよう何度も話し合い、なんとか納得してもらうこともあります。また、「スーパーボール屋さんをやりたいけど、あの子がいるから入りたくない」というアヤメさんのように、特にこの学年あたりからみられるようになる「人間関係」が原因で担当するお店が決められない子や、ケンタ君のように「やりたいものがない、そういうのやりたくない」と最初から行事に乗り気でない子もいました。

アヤメさんには、「じゃあ、スーパーボールはあきらめて、プラ板屋さんはどう？」などいろいろ提案するのですが、「えーそのグループはちょっと……」となかなか「うん」とはなりません。「射的屋さんのグループは男の子しかいないから、景品が男の子向きになっちゃうんだよね。射的屋

さんで女の子向きになるような景品作りをやってもらえないかな」と提案すると、しぶしぶながらやっと納得をしてもらえました。

もうひとり、そもそもお店屋さんはいやだというケンタ君は行事がとても苦手で、「何やりたい？」と聞いても「やりたくない」「だれともやりたくない」の一点張り。「誰ともやりたくないなら一人でできるものとかは？」と聞くと「バスケならやれる。バスケットボール屋さんならいい」。バスケットボール屋さんとは、バスケのゴールにボールをシュートして遊ぶお店屋さんのこと。ここでお店がひとつ増えました！こうしてそれぞれ担当するお店がようやく決まりました。

射的屋の看板

3年生の底力

難航した担当もようやく決まり、サポートする大人と一緒にあちこちで準備がすすんでいきました。段ボールで受付台を作ったり、なかには「壁にポスターを貼るだけだとお客さんがこないと思う！」といって立て看板を作るなどクオリティの高いものを作るお店もありました。また、景品の駄菓子を決めるのも楽しく、「“きびだんご”は特賞でしょ！」「え？ “プレミアムうまい棒”より特別なの？」「そんなにおいしいの？」「いま食べたいな～」と、会話を弾ませながら準備がすすみました。

アヤメさんは女の子向きの景品として、ビーズのブレスレットをせっせと作っていました。その作品を見た１、２年生が「これかわいい～」「絶対にほしいなぁ」とつぶやくのを聞いて、「これは景品だからねー。高い得点をとらないとゲットできないんだよ。だからむずかしいよ」と、いいながらブレスレット作りに集中するアヤメさんでした。

そして、一人ならできると「バスケットボール屋さん」になったケンタ君は、看板作りやルール決めなどを着々とすすめていきます。一人でやりたいというところは尊重しつつ、準備は良いとして本番も一人でお店をするとなると、他のお店をまわれなくなることを説明すると、当日のスタッフとして仲の良い２年生のお友だちをお店に誘うことができました。

準備が着々とすすんでいくかに思えた矢先、またまた問題が浮上しました。３年生になると習いごとなどで学童クラブをお休みする子がいて、なかなか全員であつまれず、ゲームのルール決めや練習などが思うようにすすんでいかないのです。でも、３年生は自分たちで解決策をさぐりました。「学校の昼休みだったらみんなそろうから、そこで相談して決めることにしよう！」とか、「みんなが集まれるのは木曜日だから、わたしたちのお店は木曜日にはかならず集まって準備をする」など、どうすればみんなが集まって準備できるかを自分たちで考え、行動に移していきました。そんな力がいつの間にか育っていることに驚きました。子どもたちの力ってすごい!!

笑顔、笑顔の当日本番

当日は、子どもたちが学校へ行っている間の午前中に、職員が施設内にちょうちんなどの飾りつけをしました。みんな帰って来るなり「今日はお店屋さんだー!!」「学校からちょうちん見えてたよー」など大盛り上がり！学童クラブは学校の校庭の奥に併設されているため、学校の教室からも見えていたようで、学童クラブに在籍しない子たちが「何が始まるんだ？」とざわざわしていたそうです。みんな学童クラブへ登所してからは「何時から？ 何時から？」と落ち着かないようすでした。主役の３年生は赤や青のはっぴに着替えてやる気満々！「へい、らっしゃい！」とまだ始まっていないのに居酒屋のようにずっと言っている子もいて、子どもたちだけでなく大人も気分が盛り上がっていきました。

お店が開店すると、どの店舗にもお客さんがたくさん並び、「ちょっとちゃんと並んでー」と３年生はとても忙しそうにしていました。「なんでこんなにこのお店混んじゃうんだろうなー！」といいながら、忙しさそのものを楽しんでいるようで、みんなニコニコ輝いていました。

また、ふだんはあまり下級生とかかわらない３年生も射的屋さんでは、「こうやって、こんなふうに持ってねらうんだよ。打つところはここね」などやさしく教える姿がありました。順調にどのお店も開店しているなかでひとつだけ、ようすの異なるお店がありました。「バスケ屋さん」です。

集団活動が苦手なケンタ君は、環境の変化に敏感です。ちょうちんがつくなど部屋の雰囲気がガラッと変わっていることから室内にまったく入れず、すぐには参加できませんでした。店長であるケンタ君が不在のまま始まったお店屋さん。バスケ屋さんの店番は２年生の友だちが代わりにしてくれていました。ケンタ君は、それでも少しずつ室内の状況を見て雰囲気に慣れてくるとようやく「楽しそう」と思ったのか、室内に入ることができ、後半に店番ができるようになりました。最後に撮ったお店ごとのグループ写真では、２年生のお店仲間と満面の笑みでケンタ君が写っていました。

お客さんの１、２年生も「スーパ－ボールでこんなにとれたよ!!」「ラムネおいしい！」「景品のブレスレットをゲット！」「来年もやりたいな～」など、みんないい笑顔で楽しんでいました。

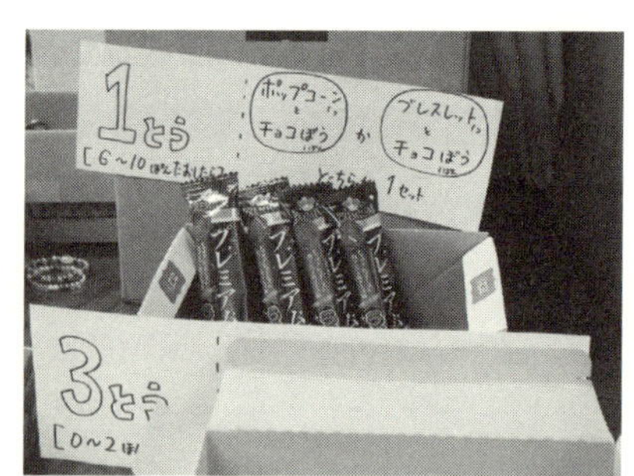

景品

これからに向けて

コロナ禍での感染対策という制限があるなかで、子どもたちにはしたいようにさせてあげられないかもしれない、楽しい行事にすることができるのだろうか、出席数が増えて密になるかもしれないし、むしろこの時期にこういう行事をやっていいのかな？ など悩みは尽きず、葛藤しながらの毎日でした。でも、３年生会議でのキラキラした目や、「あとどれくらいでおみせやさんなの？」と待ちわびる姿に接して、その都度、楽しい行事にしようという思いを強くしました。保護者の方々からは「こんな時にこのような楽しい行事をしてくださってありがとうございます」という言葉をたくさんいただき、背中を押してもらいました。

３年生は、自主的に話し合って工夫し、準備をすすめるようになっていきました。その過程からは、当の３年生はもちろんのこと、そばで見ていた下級生や私たち大人も、行事のすすめかたを知り、たくさんのことを学びました。本番が終わってどの子も次の行事や活動を楽しみにし、２年生や１年生が「今度は自分たちもやってみたい」と意欲的になっている姿を見ると、ここまでいろんなことがあったけど、やって良かったと思いました。次年度のお店屋さんでは、２年生で場面の転換がとても苦手な子がいました。ケンタ君はその子の気持ちがよくわかっているのかそばに寄り添う姿がみられるようになりました。子どもたちの輪が広がり、この経験が次につながっていくことをうれしく思います。放課後児童支援員の仕事についてよかったなぁと思います。

人を思うということ

今野 若葉

●プロローグ

貝取学童クラブで働き始めて４年目となり、今日まで子どもたちや保護者、職員同士のさまざまなつながりを目のあたりにしてきた。今回、この“つながり”をテーマに何を書こうか考えた時、本当にさまざまなできごとが頭の中に浮かび悩んだが、コロナ禍で見たある子の小さな勇気と、子どもたちの心のつながりについて書こうと思う。

大興奮の一日

コロナ禍で行事が立て続けに延期・中止となり、貝取学童クラブでは毎月の誕生会ですらおこなえない状況となっていた。緊急事態宣言が出され、あわただしく過ごした春から夏に季節が変わった頃、少しずつではあるが行事を再開することになり、まず初めに４月にできなかった新入生歓迎会と４～７月生まれの誕生会をおこなった。

新入生歓迎会では３グループ対抗ドッジボール大会を開催したのだが、久々の行事に子どもたちは大興奮、大絶叫。この我慢我慢の日々から少しだけだが解放されたようで、ルール説明の時から手足をバタつかせ、興奮がおさえられないようすだったことがとても印象に残っている。

今回のドッジボール大会ではグループ全員がボールにさわること、良い声かけや行動をした人にはグリーンカードがわたされるといった特別ルールが追加された。２つのグループの子どもたちは「よっしゃー！ やるぞ！」「絶対優勝!!」などと目標高く士気を高めていたが、１つのグループだけは「いや絶対勝てないじゃん……」と後ろ向きでひときわブルーな雰囲気が漂っていた。そのグループこそ、私の担当する子どもたちである。

ドッジボール大会、開幕

私の担当するグループの子どもたちはあまりドッジボールが得意ではなく、「ドッジボールなんてやりたくないし～」とふざけて大声で叫び私に注意される子もいたくらい全体的にやる気がなく、他に比べると正直、勝算はあまりなかった。

戦いは２戦。１戦目はボール回しに時間をとられ、全然当てられず負け、２戦目はもはや勝つ気はなくボール回しを楽しんで負け。全敗でも「あ～、やっぱり負けたかぁ」「誕生会楽しみだな♪」とほとんどの子が気にすることなく切り替えていたが、その中で物凄く悔しがる１年生、マサキ君がいた。

グリーンカード

室内に戻るとマサキ君が大号泣していて、私がどうしたのと声をかけると、「ぼくが弱いから負けちゃったんだ。みんなはがんばっていたのにぼくのせいだ」と泣きじゃくっている。私が（いや、君は責任感じなくてもいいでしょ……）と思っていると、話を聞いていた３年生の女の子が「君はがんばってたよ!! だからそんなこと思わなくていいんだよ」とマサキ君の隣に座り、なぐさめ始めたのだ。それを聞いて他の子たちもどんどん集まってきて、「そうだよ、すごいがんばってたじゃん！ ありがとね」「１年生にしては投げるのうまくて驚いたなぁ～。来年はぼくよりうまくなってるんじゃない?!」と、気づくとグループみんなでマサキ君を元気づけようと声をかけていたのだ。中にはふだんそんなこと言い慣れていない子もいて、泣いているマサキ君の肩をさわり、「大丈夫、大丈夫！」と不器用ながらもその子なりに一生懸命励ます姿もあった。

私はそんな子どもたちの相手を思う素敵な姿を見て、すぐに審判をしていた職員を呼び、みんなのやさしい心にグリーンカードをわたした。グリーンカードを見た子どもたちは「やったー！」と大喜びし、いつの間にかグループ全体に笑顔があふれていたのだった。

新たなる涙

みんな笑顔になりおしまい、ではないのが今回の話。実はこのやさしいやりとりの裏で、一人ずっとふてくされていた子がいたのだ。それは最初に「ドッジボールなんてやりたくないし～」と大声でふざけて注意され、気持ちを切りかえられずにいた２年生のシンイチ君だ。シンイチ君は非常に打たれ弱く、立ち直るまで相当な時間がかかる子である。無事、マサキ君も泣き止み、さぁみんなで誕生会をしようという時に、シンイチ君は一番後ろの席でシクシクと泣き始めたのだ。私がシンイチ君にどうしたのか尋ねると、「誕生会なんて嫌いだ!!　もうヤダ!!」とさらに泣き出し、図書室にこもってしまった。先程までの和やかなムードから一転、今度はシンイチ君を心配する声が聞こえてくるようになった。私はもう一人の職員にようすを見てくるよう頼み、誕生会を始めようとしたのだがその時、ある言葉が聞こえた。「今日、シンイチ君、誕生会の主役なのに」。

小さな勇気

つぶやいたのはシンイチ君の友だちであるヨウヘイ君。ヨウヘイ君は自分の気持ちを相手に伝えることが少し苦手で、あまり積極的に発言をするタイプの子ではなかった。そんなヨウヘイ君の言葉に後ろ髪引かれながらも、シンイチ君不在のまま誕生会は進んでいった。今回の誕生会の対象者は８人。７人目の紹介が終わり、残るはシンイチ君一人だけになった。「シンイチ君の分はとりあえず帰りの会にやろうか。さぁ、おやつを食べよう」と私がみんなに声をかけると、ヨウヘイ君が「ぼく、シンイチ君のようす、ちょっと見てきてもいい？」と聞いてきたのだ。私は正直、とても驚いた。ヨウヘイ君が積極的に何か行動を起こすところを今まであまり見たことがなかったからだ。私が「もちろんいいよ。一緒におやつ食べようって伝えてきてあげて」とヨウヘイ君に言うと、ヨウヘイ君は笑顔でうなずいた。ヨウヘイ君の発言に他の子たちも驚いたのか、しっかり者の３年生の女の子と仲良しの２年生の男の子もヨウヘイ君と一緒にシンイチ君のようすを見に行ってくれた。図書室に向かうヨウヘイ君の背中は不安と緊張が見え隠れしていたが、いつもよりも少し大きく見えた。

人を思うということ

私はあえて一緒には行かず、３人に任せることにした。３人が戻って来るまでの間、私も他の子たちも特に話すことなくただ図書室の方を眺めていた。５分ほど経ち３人の姿が見えて私がハンドサインで○、×を作ると、そのサインを見た３人は眉を下げて×の印を作った。他の子たちが残念そうな声を漏らし、「３人ともありがとう。とりあえずみんなでおやつ食べよう」と私が声をかけると、ヨウヘイ君が私の元にかけ寄り、「でもね、もう泣き止んでたし少し元気になっていたよ。帰りの会には戻って来られるって！」とうれしそうに報告してくれた。私はそんなヨウヘイ君の姿を見て、とても感動した。ついこの前「相手の気持ちを考えなさい」と注意したヨウヘイ君とはまるで別人のようだった。

ヨウヘイ君がシンイチ君のことを心配し、行動に移したきっかけは正直私にはわからない。その前のみんなで泣いているマサキ君を心配したからかもしれないし、もっと前にシンイチ君にやさしくしてもらったからなのかもしれない。理由はわからないが、ヨウヘイ君にとってこれは大きな一歩だったと思う。私はその後シンイチ君のもとへ行き、みんなが心配していることを伝えるとシンイチ君は無事グループに戻ることができた。その際、ヨウヘイ君はうれしそうに手をたたきながら、「わー！ シンイチ君もどってこられてよかった」と笑っていた。

●エピローグ

人は誰かに思われた時、他の人を思うことができるのだと思う。今回のヨウヘイ君にしても、グループみんなで泣いていたマサキ君を励ましたことにしても、子どもたちは日々誰かに何かしてもらったことで相手への思いやりを学んでいると私は考える。現在、日本だけではなく世界中で人との距離が物理的だけではなく精神的にも離れてしまっている。私たちは感染拡大を防止するためにも子どもたちに、“離れて遊んで”、“一人でも遊べるような遊びを”と声をかけているが、これでは子どもたちは誰かを思いやる心をどんどん忘れていってしまうのではないだろうか？ 今まで起きたこともないこの事態の正解は誰にもわからないが、子どもたちと日々かかわっている私たちができることは、子どもたちに誰かのことを考えるきっかけをつくってあげることではないだろうかと今回のエピソードから感じた。

最後に、１年生のマサキ君が泣き止んだきっかけとなった３年生のカズキ君の言葉に心を打たれたのでそれを伝えたい。

「でも僕たち最下位だったよ……？」といまだ涙が止まらないマサキ君が言うと、今まで声をかけ続けていたみんなの声が少し止んだ。しかしカズキ君がとても元気な声でこう言った。「違うよ、オレたちはみんなでがんばったから３位だったんだよ！ 上から３番目だよ、すげぇじゃん！」

私たちは現在、大切なことを忘れている気がする。人は一人では生きられない。誰かに手をさしのべてもらうことで、自分も他の誰かに手をさしのべることができる。私たちはみんな一人ひとりのどこかにある誰かへのつながりで日々生きているのだと、子どもたちから教えてもらった。これがたった一日、２時間ほどのできごとだなんてやっぱりこの仕事はおもしろいし、やめられない。

学童クラブコラム・永山小

❶ 子どもたちを信頼して──5分早い「いただきます」

グループ担当制になったが、担当としての立ち位置がつかみきれず毎日モヤモヤしていた。

悩みながら「夏休み」の育成になり、子どもたちが大人の「声かけ」で動いていることに違和感を覚えるようになった。昼食や帰りの会など集合前に「５分前だから片づけするよ」と大人たちの声があちこちで起こる。子どもの主体性というなら、大人はこの「声かけ」ではないはずだ。手始めに担当のＰグループを集め「グループが全員そろったら大人に伝え、『いただきます』をして食べ始めてよい」「昼食の後は、各自でお昼寝の準備をする」とだけ伝えた。

さて、昼食時。３年生は揃ったが１、２年生はまだ片づけをしている。「１、２年生にも声かけた？」と聞くと「ええ〜」「だって来ないんだもん」（この反応に内心「ええ〜？」）。そこで、翌日から「３年生が声かけてくれてるよ」と３年生のフォローに徹してみた。しばらくすると１、２年生も３年生の声かけだけで、片づけや集合ができるようになった。

ある時、「全員そろったよ」と３年生が報告にきた。時計の長針は11時55分になるかならないかを指している。12時には５分も早い！ でも、ここは、子どもたちのがんばりに応えたい。他の職員や施設長にも説明し、Ｐグループは12時前の「いただきます」となった。その後もテーブルふきを忘れている子に子ども同士で伝えあうとか、簡単なことは子ども同士で決めるようになっていた。この「５分前」を経て、自分自身の中に子どもたちとの連帯感と、「こういうことか」という思いが同時に沸き起こった。子どもたちを信頼し仲間としてやっていく、こんな小さなやりとりから自主性や主体性が自然に育つのかなと思うようになった。

（中村 輝）

保育園から学童クラブへ「子どもの育ちを紡ぐ・つなぐ」

屋良 雅土（こぐま保育園） 笠井 智文（永山学童クラブ）

こぐま保育園 →→→

やりたいことをとことんやって

コロナ禍にあって小学校や学童クラブとの交流が一切できなかったこの1年。臨時休園も、子どもや職員が次々に欠席することもありました。卒園が近づくにつれ、年長児は小学校入学や学童クラブ入所への期待に胸をふくらませます。「あー、しょうがっこうにいくのがたのしみでしかたない！ がくどうも！ はやくこないかなぁ」というマリちゃん。

３月は、卒園式やおわかれ会があり、年長児と担任が相談して、そこで「たべられたやまんば」の劇や「しょうてんがいごっこ」（「おみせやさん」と呼ぶと子どもにおこられます）をする予定でした。でも“コロナ”の影響で日程が二転三転し、時間的に無理な状況になってしまいました。それでも子どもたちは「どれもやる!!」といいます。仕方ない、なんとかしよう、とおとなパワー全開で劇やごっこあそびの道具づくりなどをサポートし、どれもなんとかしたのでした。

このころ子どもたちの間では『てがみごっこ』が流行っていて、マリちゃんとサキちゃんからは毎日のように手紙が届きました。『やらせんせい　がくどうのめんせつが　3がつの6にきまりました　たのしみです』『がくどうのめんせつが　ぶじにおわりました　きんちょうしたけど　うまくいきました』（マリちゃん）。『そつえんしききんちょうしたね　ぜんぶだいせいこうだったね』（サキちゃん）。そして、保育園最後の日、3月31日のマリちゃんの手紙には、『もういなくなっちゃうね　かなしいねでもあしたはがくどうだね　ともだちできるかなあ』と書いてありました。

どの子にも楽しい学童クラブであるように

学童クラブの入所に向けて、園では、「子どもたちをよろしく！」との思いを込めて、保育で大事にしてきたことや子どもたちの成長ぶりをそれぞれの学童クラブへ伝え、スムーズな接続を心がけます。一方、入所後の子どもたちのようすを知るのは園にとっては楽しみなことであり、保育を振り返る機会にもなります。保育園と学童クラブの保育の接続や連携、協働をどうすすめるのか、マリちゃんとサキちゃんの２人に登場してもらって、成長の軌跡を追いながら考えます。

マリちゃんサキちゃんと仲間たち

マリちゃんは、偏食で野菜が苦手。みそ汁は上澄みをほんの少し口にする程度でした。でも年長になって、自分たちで栽培やクッキングをするようになると食べられるものがどんどん増え、給食でおかわりをするほどになりました。その積極性は、あそびや友だちとの関係づくりにも発揮されました。サキちゃんは、自分を見てほしい気持ちの表れなのか、あえてみんなと協調しないようなところがあったのですが、仲間とかかわり、ことに９月の園内合宿を機に、ありのままの自分を大切にするようになったと感じます。友だちを支え、元気づけるようになっていきました。

「がんばってみる……」「よくいった！」

では園内合宿で何があったかというと――。合宿は５歳児の参加で、保育園に泊まります。夜には電気が消えた園内を、懐中電灯を持って目的の場所まで歩く「夜の探検」が計画されていました。サキちゃんはそれがイヤなのです。夕ご飯のスペシャルメニューのハンバーグを「ハンバーグおいしいよー」といって食べながら涙をボロボロ流していました。夜の探検に向けて集会があり、そこからサキちゃんの本泣きが始まりました。

「ヤダヤダヤダ！ ぜったいにいきたくない！ ぜったいムリ！ やらっち（担任の私です）と、ここでまってるーーー！」と、係の先生が話しているのもおかまいなしです。係の先生が「……みんな勇気を出して……」と話すと、「やだー　ゆうきなんてでないよー」と言い、私が「このままあきらめたら、怖かった合宿で終わっちゃうよ。助けてくれる仲間がいるよ。みんなと一緒に乗り越えた合宿にしてみない？」と誘えば、「こわかったがっしゅくでもいいー！」と絶叫です。

夜の保育園は思っている以上に暗いものです。それに外は雨でした。夜の探検には気持ちが後ろ向きになる子もいるかもしれないと思い（ここまで後ろ向き、とは思っていませんでしたが）、そんな時には読んでみようと絵本を持ってきていたので、みんなに「ちょっと笑っちゃう絵本を持ってきたから、読んでもいい？」と聞いて、絵本を３冊読みました。

『なきむしようちえん』（長崎源之助／西村繁男、童心社）を読んだ時、主人公に自分を重ねたのか、途中でサキちゃんが「がんばってみる……」といいました。「よくいった！」とシンくんがこたえました。サキちゃんが「みんなサキのこと、たすけて」というと、「もちろんだよ！」とマリちゃんがいい、みんなも応じます。仲間意識が高まるなか、みんなで一緒に夜の探検に向かうことができました。

それからのサキちゃんは、自分を素直に表現するようになりました。肩ヒジ張らずに仲間に積極的にかかわり、劇あそびにどハマりし、あそびや活動にのめり込んでいきました。お決まりの構図で描いていた絵がどんどん変わっていきました。

おとながつながる

子どもは、おとなとの「愛着関係」ができていると、そこを基地として子ども同士の「つながり」を広げ、深めていくと感じます。そして、愛着を感じる身近なおとなが親しい関係であるのを見たり知ったりすると、子どもは安心感や信頼感を育むのではないかと思います。保育園と学童クラブの関係でいえば、保護者と保育園や学童クラブの職員とが手をつなぎ、子どもや保育を語り合っておとなも育っていくことが求められるのではないでしょうか。保育と人がつながる、つなげる大切さを感じています。

→→→ **永山学童クラブ** →→→

多摩市では、市内の学童クラブの「新入所面談」を毎年１月から２月ころにかけておこないます。入所の子ども、保護者、そして学童クラブの職員が顔を合わせてお互いを知り、理解する大事な機会です。面談は、学童クラブが公設公営の時代から、民間委託となった現在も変わらずに続いています。

どの学童クラブも子どもたち一人ひとりが１日も早く新しい環境に慣れ、楽しく過ごせるように、保護者や出身の保育園・幼稚園と連携して子どもの育ちを伝え合い、わかり合いながら受け入れの準備をすすめます。

永山学童クラブとこぐま保育園は隣同士であり、学童クラブの「お店屋さん」に保育園の年長さんを招待したり、３学期に入り新年度が近づくと小学校の校庭で一緒に遊んだりして交流しています。体験を重ねるうちに職員の名前も覚えてくれて、入所が近づくころには、私に「さとっちー！もうすぐ学童クラブに行くからね！」と声をかけてくれる子どもたちです。

順調なスタートの登所１日目

どんなに準備をしていても４月の登所１日目は、子どももおとなも大きな期待とともに少しの不安があるものです。保育園児だったときに、よく声をかけてくれたマリさんは、初登所の朝から上の学年の子たちや初対面の職員とも自然なやりとりをしていて、「あれ？ １年生だよね？ 前からいた？」といいたくなるくらいのとけ込みようです。そんなマリさんにひっぱられるかのように、最初は少し緊張気味だったサキさんも時間がたつにつれて笑顔をみせるようになり、2人でボードゲームや外に出てテニスなどをして遊んでいました。

上級生も2人をボードゲームやカードゲームに誘ってくれます。3年生のキヨミさんは、お弁当の準備や1日の流れがわからずにいるようすの子をみると、ていねいに教えてあげています。「だって私も最初の日は困ってたけれど、上級生に助けてもらったもん」とあとで恥ずかしそうに話してくれました。学童クラブでは、上級生に教えてもらった下級生が、自分が上級生になった時に自分がしてもらったように下級生を支える関係がつくられるのです。

翌2日が初登所のサオリさんは、慣れない環境で心細くなったのか泣いてしまい、いくらなだめても泣き止みませんでした。そこへ、昨日入所したばかりのマリさんとサキさんが心配そうにやってきて、「どうしたの？」「だいじょうぶ？」と声をかけました。そしてマリさん、サキさんに誘われて、あやとりで手品をしたり、ディズニーの塗り絵を一緒にしたりするうちにサオリさんは泣き止み、それがきっかけで学童クラブの生活に馴染むことができるようになっていきました。

登所2日目にもかかわらず、前からここにいる誰よりも頼もしい友だちであるかのように新しい仲間にかかわっていくマリさんとサキさん。「子どもの力ってすごいな」と実感した瞬間でした。

その後も2人は、1年生とは思えないくらい積極的に友だちにかかわり、遊びを通して上級生たちと交流していきます。マリさんは偏食だったようですが、「おやつを変えてほしい」と食べられなくて職員に訴えることはあるものの、「ちょっとでも食べてみようか？」と声かけすると「うん、ちょっとがんばってみる」といって挑戦する姿勢が見られます。お弁当もちゃんと全部食べます。

サキさんは上級生にも萎縮することなく、自分の意見を伝え、またみんなの話を聞いています。

夏のお楽しみ会は、お化け屋敷をやろう！

７月には廊下の少し暗い場所での「お化け屋敷ごっこ」を、他の子どもたちと一緒にマリさん、サキさんも楽しんでいました。８月末の「夏のお楽しみ会」ではみんなでお化け屋敷をやろうということになり、２人は段ボールに隠れて、きた人を驚かす役に決まりました。上級生と一緒に仕掛けを考え、学校が夏休みの長い育成期間の間、ほぼ毎日のように段ボールに黒い画用紙を貼ってお化けを描いたり、目をいっぱい張りつけたりしていました。「横からでると見せかけて、上からでたらびっくりするかな？」とサキさん。マリさんは、ふくらませた風船にペタペタと紙を貼りつけて「生首」をつくり、「これでみんなおどろくかな？ もうちょっと髪の毛を足してみようか？」と、かわいい生首なのですが、真剣です。

保育園の合宿の話になって、サキさんに「怖かったの？」と聞くと、「あー、やらっちめ、さとっちに話したんだなー。くそー」と笑いながら恥ずかしそうにしていました。園の合宿では怖がっていたらしいのに、お化け屋敷は怖がるどころか中心になって盛りあげています。お楽しみ会にはヨーヨーコーナーや駄菓子屋さんだってあるのに。保育園での経験が関係しているのでしょうか。

当日、マリさんは段ボールの中で暑くて汗をかきながら、どんどんやってくる子を驚かそうと大奮闘でした。１回の予定でしたが、楽しくてもう１回やりました。サキさんは、きょうだいが通う保育園が“コロナ”対応で休園になり、その関係でお楽しみ会は欠席でした。アイデアをいっぱい出してがんばっていたのに本当に残念でした。

上級生も下級生も想像を働かせて計画し、話し合い、役割を決めて力いっぱい取りくみました。ワクワクの活動はよほど楽しかったようで、それからもお化け屋敷の遊びは続きました。仮装や仕掛けを日々更新し、順番待ちの列の誘導も自分たちでして、遊びは発展していきました。

　学童クラブに入る前の乳幼児期のことを知ると、私たち学童クラブの職員は、子どもへの愛着がいっそう湧いて保育が本当に楽しいものになります。保護者、支援員、保育士の仲が良く親しい関係にあると、子どもはうれしく感じるようです。学童クラブが楽しく安らぎの場所となるようにつながり合っていきたいものです。

縦につながって横にひろがって
――保育のバトンを引き継ぐ

金子 知佳

新年度準備

毎年春休みに入ると新年度の準備に加速がかかり、新２年生や新３年生には、ロッカーや靴入れの名前のテープの貼り替えなどを手伝ってもらったり、座席表を掲示して新１年生の名前を覚えてもらったりします。新入所児の座席は、同じ出身園の先輩と近くになるようにしています。

３年生になるシゲルくんが、１人でマンガを読んでいました。「お楽しみちゅうに申し訳ないんだけど、ロッカーに名前のシール貼りを手伝ってくれないかな？」と声をかけました。シゲルくんは「えー」と言って、あまり乗り気ではありません。「今日やらないと間に合わないんだけど……」と言う私の言葉をさえぎり、「わかったよ。やるよ」とつきあってくれることになりました。ちょっと強引だったかと思いつつも内心ホッとしながら「この子、おぼえてる？」とマヒロくんの名前のシールを見せると「うん。まあね」とそっけない返事。「１年生になって、緑グループに入ってくるよ。座席はシゲルくんのとなりにしようと思っているんだ。よろしくね」。「へー、そうなんだ」。そう言ってシゲルくんは淡々と作業をしていました。

マヒロくんは、小学校内の特別支援学級に入学することになっています。こぐま保育園の異年齢クラスでは、ふたつ年上のシゲルくんととても仲良しだったと保育園から聞いていたので、２年間のブランクはあってもそれなりにつき合えるのではないかと期待していました。同じ保育園で仲良しといっても学年が離れた仲良しは、そうはないケースで、さらに学童クラブで一緒になるというのも珍しいことです。シゲルくんの反応は予想外でしたが、２年間も途切れてしまった関係だし、シゲルくんに同じ出身園だからと期待しすぎないほうがいいのかなと思いつつ新年度を迎えました。

シゲルくんとマヒロくんの再会

毎年、４月１日の朝は、今年こそはバタバタ感を出さずに受け入れようと臨むのですが、８時から朝の会までの時間は、職員は新入所児とその保護者への対応や提出書類の確認などに追われ、やっぱりバタバタしてしまいます。マヒロくんが登所してきました。マヒロくんは、とってもフレンドリーで、面談でしか会ったことのない私に「ちーちゃん、大好き！」とハグしてくれます。笑顔で、だれにでも「大好き！」と言ってくれます。加配の職員にしばらく見てもらうことにしましたが、すぐに仲良しになり、順調な滑り出しのようです。そのようすに私も緊張がほぐれ、周りを見回す余裕がでてきました。

受け入れラッシュが少し落ち着き、朝の会が始まる頃に、いつも通りシゲルくんが登所してきました。シゲルくんは、ロッカーに荷物を入れたあと、周りを見渡して加配の職員と一緒にいるマヒロくんを見つけました。駆け寄って「マーくん！ ぼくのこと覚えてる？」と言うと、びっくりしたように振り返るマヒロくん。「シゲちゃん？」。しばらく言葉を交わし、「シゲちゃん大好き！」とマヒロくんはシゲルくんに抱きつきました。私は、数日前のシゲルくんとのやりとりを思い出し、あの反応は何だったんだろうと思いながら、うれしい展開に胸をなでおろしました。

マヒロくんのまわりにいつも友だちがいて

この日、図書室では、本を読んでいるシゲルくんのそばにマヒロくんがいて、同級生とサッカー盤で遊んでいるシゲルくんの横にマヒロくんがいて、いつのまにか２人でサッカー盤をしている、というふうで、ほとんどの時間を一緒に過ごし、次の日も２人一緒に過ごしていました。シゲルくんはもともとやさしく、周囲に気を配る子です。名前のシール貼りの時に私が言ったことで、マヒロくんのそばにいなければならないと思ったのではないかと少し心配になり、「私たちもマヒロくんを見守っているから、シゲルくんのやりたい遊びをしてきていいんだよ」と声をかけると「いや、おれ、マーくんと一緒にいたいから！」と言って、マヒロくんの近くで友だちと他の遊びを始めたりする姿が見られました。

学童クラブに入所してからあまり緊張しているようすはなかったマヒロくんですが、シゲルくんが常に近くにいてくれたことでとても安心して過ごせたと思います。そして、シゲルくんのようすを見たり、マヒロくんの人懐っこい性格と愛らしい行動（「大好き！」と笑顔でハグしてくれる）に接したりする中で、シゲルくんの同学年の友だちや２年生、１年生までもがいつの間にかマヒロくんの周りに集まるようになり、マヒロくんのそばにはいつも誰かがいるという状況になっていました。

登所３日目。マヒロくんを囲んで何やら子どもたちが話をしています。

３年生ヒカルくん：マーくん、おれにも大好きって言って～

マヒロくん：大好き！

３年生タカシくん：次はおれにも言って～！

マヒロくん：（なぜか近くにいるシゲルくんを見上げて）シゲちゃん大好き！

タカシくん：ずるいぞ！ シゲルばっかり！ おれもマーくんから大好きって言われたい！

まるで人気アイドルからファンサービスをもらえたかどうかを話しているようで、思わずクスッと笑ってしまいました。そして、マヒロくん登所５日目、私がマヒロくんに伝えたいことがあって近くに行くと、３年生のシゲルくんやヒカルくんたちがサッとマヒロくんを囲んで「何か用？ いいよ、大人は！ おれたちがマーくんのお世話するから！ マーくんはおれらが守る！」と手を腰にあてながら私に向かって言いました。“マーくんに何か用があるならおれたちを通してから言ってよね！”と言わんばかりです。どうやらマーくん親衛隊なるものができあがったようです。守ってあげたい。私はそう聞いた時、きっと保育園時代からマヒロくんは友だちや先生方から見守られ、愛されて育ってきたのだろうなと思いました。

ヒカルくんやタカシくんは、出身保育園も違い、シゲルくんとは２年生になるまでそれほど仲良しだったわけではありません。３人とも家庭では末っ子で、どちらかといえばお世話をするよりしてもらう方が多かったかもしれません。それがマヒロくんとかかわることで３人の距離が縮まり、人をお世話するようになっていったのです。また、それは３人に限ったことでなく、学年を超えてみんなに広がり、グループがまとまるきっかけになっていきました。

グループ活動の帰りの会で、マヒロくんがお当番の進行役として前に出ると、「マヒロくんが前に立ってるよ！ みんながしゃべってるとマヒロくんの声が聞こえないから静かにして！」とグループのみんなで声をかけ合い、しっかりと聞く準備をするようになりました。数ヶ月経つと、３年生がつきっきりでマヒロくんのそばにいることは減りましたが、みんなはやさしくマヒロくんを見守っていました。

変わらない関係性を願って

マヒロくんは２年生になりました。できることが増え、新しく１年生を迎えてすごくお兄さんになりました。１年間ずっと一緒に過ごしてきたシゲルくんたち３年生は卒クラブをして、もうそばにいません。“シゲルくんたちがいなくてマヒロくん、心細くないかな。寂しいよね……大丈夫かな？”と心配したのですが、それは杞憂に終わりました。マヒロくん自身のがんばりに加え、シゲルくんたちが学校帰りにひょっこりと顔を見せ、学童クラブに寄ってくれるようになったからです。

３人が口々に「マーくんいるー？」「マーくんどこー？」と玄関先で大きな声で叫び、それを聞きつけたマヒロくんが玄関に走って行ってみんなでハグをし、少しすると「またね！　マーくん！」と言って家に帰って行きます。マヒロくんに「みんなが会いに来てくれてうれしいね！」と声をかけると「ぼくね、ぼくね、みんな大好き！」といつもの笑顔で答えてくれました。この先もこの関係性が続いてくれていたらいいなと思います。

保育園の先生へ──保育のバトンを引き継ぐ

私たちの仕事には正解というものがありません。また、自分たちの保育がすぐに目に見える形で、答えとなって現れるわけでもありません。子どもたちが確実に成長していることは、日々、感じますが、それがはっきりと明確に“自分たちの保育の、これが子どもたちに響いたんだ！”と、すぐにわかることはあまりないのではないかと思います。私の大好きな学童クラブの子どもたちにとって、保育がどうだったかとわかるのは、数ヶ月後、数年後、もしくはもっとずっと先のことになるのだと思います。だから責任と誇りをもちつつ、より良い保育を模索しながら保育を振り返り、改善し、子どもたちと共に過ごしていくという積み重ねが重要になってくるのだと思っています。

そんなことを考える中でマヒロくんと出会い、みんなが縦に横につながって、かかわって育つ姿を目にしました。それを見て、保育園の先生方が保護者の方と二人三脚で、子どもたちにとって一番良い環境をつくるために試行錯誤しながら保育してきているのだと感じました。

今、私は保育園の先生方に伝えたいです。先生方が紡いでくれた愛のある保育は、しっかりと子どもたちのなかに根づいています、と。

保育園からの保育のバトンを私たちがしっかりと受け取り、子どもたちの成長につなげていきたいと思います。子どもたちの心に残り続け、その後の人生が豊かになるような保育をしていきたいと思っています。

❷ 保育園にボランティアに行こう

夏休みのある日、多摩市貝取小学童クラブの小学生10名（初めての試みなので3、4年生限定の希望者）がバスと電車で1時間半をかけ、世田谷の上北沢こぐま保育園に保育ボランティアに行きます。集合は朝8時15分。学校では遅刻続きのユウさんが定刻に到着。一方、学校に行けなくても学童クラブには来るサトシくんの姿が見えません。緊張で早起きしすぎて二度寝したとの連絡で、バス停に向かう私たちを、待機していた職員と走って追いかけてきました。

さあ、いよいよボランティア開始です。保育室では、ふだん自ら話すことが少なく、小声のミヨさんが絵本を読み始め、園児が輪になって聞き入っています。園庭には、水遊びの準備を手伝い、遊び方をやさしく園児たちに教えているゲンくんがいました。食堂で給食の仕度をするのはナミさん。こだわりがあってか、学童クラブのおやつは、ほぼ口にしませんが、野菜と魚中心の給食を園の子たちと一緒に食べ、完食です。午睡になると、5歳児の背中をトントンしながら眠っているタッくんがいました。彼は朝から園児を遊具に乗せ、汗だくで遊び続けていました。今まで見たこともない彼らの姿に、驚き、感動する私たち。子どもの見方や日頃の保育を考え直す機会となりました。

すすんで働きかけ、相手に合わせて接し、根気強くもある子どもたちは、本来、持っている力や、ここで得た力を発揮し、自己肯定感を高めたことと思います。夏休み明けの小学校からは、成長を喜ぶ声が届きました。

この活動は、保育園の椎名園長と交流の希望を伝え合ったことが発端です。小さい子を相手にヘトヘトになりながらも「また行きたい！」という子どもの声に押され、夏冬合わせて計4回、延べ39名が参加する取りくみへと発展しました。

（中村 真理子）

❷〈続編〉保育園に学童クラブの子どもたちがやってきた

緊張気味に来園した貝取小学童クラブの子どもたち。ずっと扉にくっついて到着を待っていた２歳児しほちゃんがニッコニコの笑顔で迎えます。学童のみんなは、きちんと座って説明を聞き、さっそく、園の子どもたちと遊び始めました。

５歳児りゅうくんは、年長児としてふだんは押し役ですが、今日は引箱に乗り、学童のお兄さんに押してもらってうれしそうです。

異年齢保育で育ってきた学童クラブのともさんは、１歳児だいちゃんにクラスで飼育しているクワガタの持ち方を「そっとね！ そっとさわるんだよ」と、教えています。１歳児へのかかわり方が自然体で上手です。残念ながら死んでいたクワガタがいました。庭に埋めに行くともさんのあとを３歳児ようちゃんがついていきます。埋めるところをじっとみつめ、またともさんを追って部屋に戻りました。ともさんがするように靴を脱ぎ、同じように靴を持って入室です。

学童クラブのりんさんが食堂に来て、テーブル拭きをしてくれました。今日の給食は、玉ねぎ、にんじん、ピーマン、青梗菜（ちんげんさい）、と野菜オンパレードのメニューです。好き嫌いが多いらしいりんさん。何が彼女をそうさせたのかわかりませんが、完食でした。

５歳児みほちゃんは、おしゃまなお姉さんですが、けっこう甘えん坊です。午睡時、１歳児が学童のお姉さんにトントンされているのをみて、自分もしてほしくなったようです。恥ずかしそうにトントンしてもらっていました。

０歳児とハイハイの競争をし、かわいくて仕方がないようすの学童クラブの子どもたち。あまりのかわいさに、「連れて帰ってお母さんにあげていい？」。

子どもはドキドキワクワク、大人は子どもの育つ姿や可能性を再認識する、０歳から10歳の異年齢交流でした。これを契機に地域の小学生との交流活動を企画しました。予約殺到です。

（椎名 朝美）

❸ス～ノコにオレンジの変なものが生えてきたよ～

梅雨も盛りの頃、「ス～ノコに、オレンジの変なもの生えてるよ！」と、１年生のフウコさんが報告に来た。嫌な予感がしつつテラスの縁側を見に行くと、なんと、鮮やかなオレンジ色のツララ状のものがある。インターネットによると腐食した倒木などによく生える「ツノマタタケ」らしい。「食べられるキノコみたいだよ」というと「あんなキモイの食べられるか！」と逃げていく。冗談はさておき、「スノコ」が腐り始めたという現実に向き合わねばならない。このコロナ禍で、開放的なスペースの縁側は、絶対に残したい。施設で相談し、新しい「スノコ」は、子どもたちと作ることにした。

下準備もあり、実際の作業は夏休みからとなる。まず板の塗装から始めるが、おとなの見本など不要とばかり、板ごとに物語が展開していく３年生のブンタくんや、グラデーションや同じ柄を色違いに塗る２年生のナツさんとケイさんなど自由に才能を発揮していた一方で、うまく塗れず落ち込むフウコさんもいた。

さて、それぞれの板を桟にとりつけて「スノコ」にしなければならない。以前受講した「子どもと作る木工研修」の成果を生かす時がきた。塗装でくじけたフウコさんは「釘打ち」に目覚め、友だちのランさんと「スノコ」を完成させていく。作業を一緒にしたおとなのほうが励まされるくらい熱中した。

季節は晩秋。この４ヶ月、全員が何らかの形でかかわり、やっと「スノコ作り」が完結した。塗装で力を発揮したブンタくんやナツさんとケイさんらは、下級生から絵の上手な先輩として慕われ、釘打ちに熱中したフウコさんも何にでも積極的に参加するようになった。そのフウコさんの連絡帳に母親からの質問が書かれていた。「フウコが『す～のこづくりが楽しかった』というのですが、『ス～ノコ』って何ですか」

（渡辺 智士）

自分たちでつくる「テラス・プランター係の活動」

江藤 龍之介

テラス・プランター係、募集します！

永山小学童クラブには、小さなテラスがあります。夏場は毎年、近隣の中学校から配布されるゴーヤを植えてグリーンカーテンでかこい、そこにすのこを敷いて小部屋のような憩いの場にしています。夏が終わるとグリーンカーテンもなくなり、翌年の夏まですのこだけが置いてあったり、何もなかったりと殺風景なようすになっています。毎年、思い出したかのように「〇〇植えなきゃ！」「もうすぐ春だからチューリップを植えてきれいにしたいなぁ～」といったように、定期的に何かをするではなく、突発的に思い出して作業するような状態でした。

今年こそはきれいに環境整備をして、子どもたちと一緒にテラスの整備をしながらプランター栽培も楽しもう！と思い、子どもたちに募集をかけてテラス・プランター係を始動しました。

今までにも、テラス係を募ってやってきた経験を踏まえ、今回は募集をする際にいくつか条件を提示しました。さらに赤字で「じゅんびをしっかりするので時間によっては外遊びができないこともあります」と記載しました。また、募集対象は永山小学童クラブのテラスがどういうものかを知っている２・３年生に限定し、諸々の条件を帰りの会で全体に説明してから掲示しました。

いつもと違う募集条件なので子どもたちがどのような反応をするのか楽しみにしながら見ていました。今までは「外遊びができない」という制限はかけていないのですが、参加した子どもたちが責任を持って取り組めるように意図的に記載しました。

募集内容を一読した子どもたち。安全教室や映画会などの行事の司会進行役を子どもたちにやってもらうことがよくありますが、そんな時の応募とは違い今回は、一度考えてから名前を書いていました。

遊びとテラスの作業を天秤にかけて遊びを取る子、遊ぶ時間がなくなってもいいから取り組みたいと意気込む子、いろいろです。やる気の表れからか３年生のコウタ君は他の子の書くスペースがなくなるくらい大きく名前を書いていました。最終的に３年生は、女子１名男子３名、２年生は男女それぞれ２名で合計８名が集まり、永山小学童クラブ「テラス・プランター係」のスタートです！

第１回テラス・プランター係会議

メンバーが決まったので、本格的に始動するにあたり、そのためにどういう活動をしていくか、会議を開催しました。初回の会議は「プランターに何を植えよう？」です。

「いちごがいい！」「植えるなら食べられるものがいいな」「きゅうりは絶対に植えたい」「お花を植えたいなぁ」といろいろな意見が出ました。そんななか、突然「ヨーグルトがいい！」と２年生のケンタくん。「え!?」とみんな顔を見合わせ、３年生の視線が指導員のほうへヘルプを求めてきたので、「ヨーグルトって何からできてるのかな」と少し助け船を出しました。それを受け３年生のナオミさんが「ヨーグルトって牛乳からできるよね、だから牛を飼わないとダメじゃない？」「ということは、テラスで牛を飼うのはむずかしいからダメだ！」と“なぜヨーグルトがダメなのか”の議論が始まりました。ケンタくんはおふざけで言ってしまったことがここまで話が大きくなるとは思いもしなかったようですが、笑いながらも受け止めてまじめに議論し、ちゃんと子どもたちでおさめることができていて、こちらが思っている以上にしっかりしているなと感じました。

30分程の会議の結果、植えるものは【大根・にんじん・ラディッシュ・きゅうり・ミニトマト・すいか・メロン】になりました。会議の中で作業日を決めて、当日を待ちました。

しかし、作業日当日は、まさかの大雨……。授業が終わり、急いで帰ってきた係の子たちは、「こんなに雨が降ってるなら違う日にしよう！」と口々に言い、残念な気持ちはあるけどとても前向きでした。

翌日は、打って変わって晴天の作業日和。プランターに土と肥料を入れて混ぜ合わせて土壌を作り、種まきや苗の植え付け作業を手分けしておこないました。

作業をしながら３年生のコウスケ君が「植えた物に名前をつけよう！」と提案するとケンタくんが「スイカは女子だからスー子、メロンはメロ太だ」と命名しました。また、ポップも作成して何の種をまいたのか、その苗は何なのかをわかりやすくしました。

この係の役割にはプランターの栽培管理だけではなく、テラス全体の環境整備もあります。テラスを小部屋みたいな場所にしたいという要望が最初からありましたが、ゴーヤが成長するとグリーンカーテンで空間が仕切られ自然に小部屋ができあがります。他にここでしかできないことはないかと思いめぐらし、ひとつ提案をしてみました。

それは、黒板を作成して、「落書きコーナー」を作るということです。初めは、ウェルカムボードの形で提案しましたが、どうせなら落書きできるものがいいと思いつきました。学校では禁止されて いる「黒板への落書き」を、自分たちで作った黒板なら存分に楽しめるのではないかと考え、提案すると「いいねそれ！ やりたい！」「め

ベンチでのようす

ちゃくちゃおもしろそうじゃん！」「落書きだから何書いてもいいんだよね？」ととても乗り気になり、黒板も作成することになりました。

数日が経ち、野菜たちが日に日に大きく育っていきました。係の子たちはもちろんのこと、係ではない子たちも下校時に気にしてくれています。

トマトの花が咲き始めるといち早く知らせてくれたり、たくさん植えた二十日大根の芽が出ているのを見つけると「ねえ！ たくさん芽が出てるよ！」と興奮気味に教えてくれたりしました。そこでたくさん生えて密集していた、二十日大根を間引きすることにしました。

間引きの意味と理由を説明すると、コウタ君が「てことは、二十日大根は“密”なんだね！」と言い、現在の社会状況だからこそ出た言葉なんだなと感じました。間引きした二十日大根は“かいわれ大根”だよと伝えると、みんな１つずつ食べていました。「少し辛いけどおいしい！」「私はちょっと苦手だな～」「もっと食べたい！」「そんなに食べたら二十日大根がなくなるよ！」と楽しいやり取りをしていました。係のメンバーに野菜を食べることがあまり得意ではない子もいますが、自分たちで植えた野菜ということもあってか、苦手ながらもチャレンジしていました。

待ちに待った黒板作り――「おれもテラス係やりたい」

梅雨に入り、雨が続く日々で屋外で黒板作りの作業ができませんでした。そんな日々が続いていましたが、梅雨の合間の晴れた日がありました。しかもその日は、子どもたちも４時間授業で早く帰ってくる日。作業時間もたくさん設けられます。すべての要素がかみ合ったタイミングのいい日でした！

係の子８名全員そろい、テラスに集合し、まずは黒板作成用の塗料を調合し、作業開始です。ローラーを使って大きく作業する子と筆を使って小さく作業する子に分かれて木の板にたくさん塗りました。

係の子たちがテラスで楽しく作業をする姿を見て興味をもった部屋の中

の子どもたち。「おれもテラス係やりたい」「あの作業をやってみたい」と言っていました。しかし、係の子たちは、参加に当たって、「じゅんびをしっかりするので時間によっては外遊びができないこともあります」という条件の上で作業をおこなっています。その場限りの楽しいことだけを選んでやるのは「何か違う」と思ったので、残念ながら今回の作業では、係の子以外は参加させませんでした。黒板作りは、ある意味テラス・プランター係の宣伝になったかなと思います。翌日から、テラス・プランター係に参加してみたいという声が他にも上がり始めました。

こういった声をどうしようかと考え職員間で話し合いました。係の子たちの意見を尊重しようということになり、「黒板作りを見て、新しくテラス・プランター係に入りたいって言っているけど、どうする？」と聞いてみました。すると意外な反応で「増えるのはいいね！ 何人ぐらい募集するの？」と好意的な意見です。係活動は楽しく、楽しいことはみんなに広めようと考える子どもたちに教えられた場面でした。メンバーを再募集して、６名が新しく参加しました。

野菜たちを収穫します！

梅雨の長雨も終わり、太陽を浴びて大きくなってきた野菜に実ができてきました。７月中旬頃には、赤や黄色になったトマト、売り物と大差ないできのきゅうり。８月中旬頃になると、小さいけれどしっかり甘いスイカや期待していなかったのにメロンまでできました。

プランターでできたメロン

トマトは、夏休みのお弁当の時間に希望者に配ると「お弁当のより甘い！」「赤いのがお弁当にあるから黄色が欲しい」などさまざまな反応です。きゅうりはとても人気で、浅漬けや塩もみ、塩昆布和えにして外遊び後の熱中症対策としての塩分補給になりました。係の子が毎日のように植物の観察をしながら収穫してくれますが、時々、《採れたてを食べたい！》という気持ちが抑えられなくなり「このトマト食べてもいい？」と聞いてくることがあります。「食べ過ぎないように」とだけ伝え、子どもたちに任せています。

テラス・プランター係のその後とこれから

さて、年度が替わり、前年度取り組んでいた子たちはもちろんのこと、テラスのサッシ越しに眺めていた１年生も２年生になり、うれしそうに係活動に参加していました。初回の会議では「自分たちで苗を買いに行こう」という話になりました。どこなら子どもたちと行けるだろうかと職員間で話し合った結果、学童クラブから15分ほど歩いたところにある農協しかないということになり、暑い中、水筒を持って買い物に行きました。自分たちの目で見て買えることのうれしさがあり、予定していた種や苗以外のものも買って帰りました。自分たちで買ってきたということもあり、以前よりも愛着があるようにも見えました。

これから先、どういう形の活動になるのか探り探りですが、毎日の水やりは、ちょっとした水遊びのような形になっています。そうした姿を室内から見ている１年生たちが、「２年生になったら自分たちがやるんだ！」と意欲を高め、毎年引き継いでいってくれたら作戦大成功だと思います。

自分たちで「係」について考え、責任感を感じながら取りくんだ活動でした。“楽しい”“やってよかった”と満足感や達成感も味わったようです。これからの展開を一緒に楽しんでいきたいと思います。

学童クラブコラム・永山

❹「気持ちの伝え方講座」をやってみた

今日も学童クラブでは、思い思いの遊びを楽しむにぎやかな子どもたちの声が響いている。そして、さまざまなけんかや揉めごとも起きている。「そのレゴ、オレが使うって言ってとっておいたんだよ！」「そんなこと聞いてないし！」とか、「今日、ふたりで遊ぼうって約束したじゃん！ なんで、私を無視して○○ちゃんと遊んでるの!?」「無視するつもりはなかったけど……」など、原因はいろいろだが、相手が許せず、暴言の応酬や時には手や足が出ることもある。

ぶつかり合いから適切なかかわり方を学び、上級生がけんかの仲裁をして子ども同士で解決したり、職員が解決の手助けをしたりするが、トラブル続きのある時、渦中の子どもからの「悪いことをしてしまったときになんて言ったらいいかわからない」という声を聞く。思いをどう伝え、わかり合うか。みんなで考えてみることにした。揉めている場面は客観的に見るとわかりやすい、と職員自ら「ドラえもん」のキャラクターに扮し、「名演技」をビデオに録って、「気持ちの伝え方講座」と銘打ち、みんなで視聴して話し合った。

レゴを貸さないジャイアンを見て「これ、オレじゃん！」という子や、意地悪を黙って見ている役には「気づいて注意してあげてほしい！」という子、遊ぶ約束のトラブルの場面では、「別の子と遊びたい気持ちもわかる」「遊ぶ順番を話し合って決めるとよいと思う」とさまざまに反応し、発言している。職員が示す解決パターンより、仲間の意見の方がよくわかり、心に響くようだ。その後、４年生が「講座」を担当し、「自分たちもこうだったね」と振り返る姿が見られた。トラブルは、なくなりはしないが、子ども同士で話し合い、わかり合って解決しようとする姿が増えている。子どもの力を信じ、ともに悩みつつ成長を支えたい。

（小山 牧子）

4章

なぜ、異年齢・きょうだいグループ保育を始めたのか

伊藤 亮子

はじめに

こぐま保育園を1973年春に開園するにあたって、私たちは、親たちが「保育園に望むことはなにか」を知ることから準備を始めました。私たちの保育はひたすら「創造の歩み」でした。当時、「乳児からの長時間保育」実施は、保育者集団の専門性・社会的責任が厳しく問われる時代でした。子ども期の発達の特質は、脳神経の生成が最も盛んにおこなわれる人間らしさの基礎づくりという特別な時期であること、生命を護り育てられる安心感・生理的要求の充足は、五感のすべてと関わり育つことを深く学びました。身体器官の成熟が発達の基本要素である時期でもあるので、食事・睡眠・排泄行為は、生命維持の軸、成長・発達の要とし、子ども自身の要求となるよう日課を計画し、生活リズムの確立に努めました。あそびも生活体験の再現をテーマに「乳幼児期は遊ぶためにある」と考えました。

保育実践を地域の子育てにも開き、夏のプール教室をはじめ、父母会と共催の大行事・夏まつり、バザーなどは卒園児・地域住民も楽しみに待つ風物詩となりました。子どもたちは地域社会で護られる存在であり、保育園は住民生活に欠かせない施設として、住民に育てられてきました。

親たちの労働・家庭・地域・社会環境の急激な変化と「子ども期の発達保障」への危機意識

しかし、保育園の努力とは裏腹に、1980年代から始まった「利益最優先の企業活動」は、24時間眠らぬ社会をつくりだしました。大人達の働き方は大きく変わり始め、社会的保護の最も必要な子ども期の発達保障はその土台が傷つけられ、子どもたちがストレスにさらされていくことを、保育現場は思い知ることとなります。「保育の努力は賽(さい)の河原で石を積むようだ」と研究会で語られるほどでした。

（1）夜型・深夜型生活への変貌と「子ども期の時間を奪ってゆく」社会

●生命を護り育てる生活時間確保も困難になる親たちの労働環境

1980～90年代の新自由主義の利潤追求優先の企業活動は、働く親たちから子育ての喜びを奪っていきました。家事・育児が孤立した母親に覆いかぶさり育児不安が増大し続け、子どもたちが安心して依存できる居場所が壊され、安らぎのある生活・家族関係づくりの時間も奪われ、子どもたちが夢中で仲間と遊ぶ声が地域社会から消えていきました。園では1981年・90年・96年と父母の生活アンケートを実施しました。

ここでは詳しく紹介できませんが、アンケート結果は、社会の変化とともに就寝時間が急速に深夜型に変化し、親たちの生活時間が企業に拘束され、人間らしく生きる自由な時間が奪われ、子どもの生活リズム確保にも困難をきたしていました。子育てが大きなストレスを伴うものに変貌していることを示していました。食事や睡眠、排泄の時間確保も難しく、私たちが探求してきた「子ども期の保育」が「土台から崩され始めている」と危機感を抱いたことを思い出します。新入園児を迎え入れるたびに新たな課題に直面したものです。

●安心して依存できる生活空間、育ちあう人間関係の土台が家庭や地域から奪われて

懇談会で、乳児から年齢別長時間保育では、きょうだい関係も学べないという親の苦労が語られました。子どもたちが「小さい子をかわいい」と思う感情、大きい子にあこがれる気持ち、小さい子を見て「自分もこんな時期があったのだろうか」と自身の成長を振り返ることなど、子どもの内面が十分に育ちにくくなっているのではないかと現実を突きつけられました。日々の生活を通しての「人間的感情の体験的育ちあい」が難しくなってきていることを実感したのです。家庭・地域での生活時間が休日や夜間

に限られ、乳児から就学前まで乳幼児期のほとんどの生活時間を保育園で過ごす子どもたちにとって、年齢別を基礎集団とする園生活を続けていて良いのだろうか。私たちも悩みましたが、子どもたちからも問われているように感じました。

(2) 求められた多様で専門的配慮を要する保育

児童相談所や保健所等からアレルギー児・障がい児童の保育依頼が増加し続けていましたが、行政の制度は不備なままでしたので、職員間でプロジェクトチームをつくり父母参加の研究会を重ね、励ましあいながら実践を切り開こうと努力しました。しかし、1990年代には、大人社会の「いじめ」「暴力」「児童虐待」「自死」問題等も多発し、そうした事例に保育園も日々直面せざるをえませんでした。育児不安を受けとめ共に育ちあうさらなる保育の創造が求められていました。国内の法的・制度的整備もないままグローバル企業の経営が拡大していく経済社会は、多様な異文化・多国籍児童の保育問題をもたらしました。食文化、言語、生活様式等の異なる子どもたちの人権保障にもかかわるグローバル社会の到来は、私たちの保育実践のありようを問うてきたのです。

2 保育者も「競争・評価・自己責任」の社会的価値観に惑わされ

父母が企業のなかで求められる「競争・評価・自己責任」の価値観は、社会全体の人間観として支配的になり、さらに、教育や保育の「評価主義」が保育者の保育観もゆさぶってきていたのです。

●無意識のうちに子どもに「できることを期待する」ようになることも

保育者が豊かな想像力を伸びやかに発揮できず、「自己責任」論に支配され、自分を追い詰めてしまう。こんなことが保育総括で語られるようになってきました。

保育制度に「企業競争」「評価主義」「自己責任」論が持ち込まれてくるなかで、子どもたちが本当に必要としている保育とはなにか。自分たちが父母とともに学び、深めてきた保育を護り、豊かな発達保障をめざす保育を新たに、創造していくことが必要と考えました。目先の「評価」にとらわれず、大家族の中でのきょうだい関係や、地域社会がもっていた遊び仲間関係等、子どもたち自身が生活や遊びの主体者として力を発揮しあえる社会的保育の可能性を探求することでした。

●公的保育制度崩し、保育の市場化のなかで

「経済社会の市場競争」が激しくなるほど、社会で傷つき・痛める人々を保護し、「人間らしく生きる権利」としての社会保障・社会福祉のセーフティネットが必要です。そうしたセーフティネットの保育・教育・福祉の分野にまで市場化が持ち込まれてきました。「公的責任の縮小、法人運営の企業化、市場化」への転換です。子どもたちの発達権保障を「商品化する」ことに道を開き、保育労働が「競争、評価、自己責任」の対象にされていってしまう。これは、私たちが開園以来、全職員の努力で「子ども期の発達の特質」を深め豊かに稔らせてきた、一人ひとりの必要に寄り添い子どもとともに大人たちも育ちあう保育の理念とは相いれないものでした。

●「家庭」「地域」「集団教育」の機能を備える総合的保育の検討開始

「生活文化の継承」「異年齢での育ちあい」「家族以外の大人とのかかわり」「就学前教育」を保育園生活の基礎とする新たな集団保育、異年齢・きょうだいグループ保育への転換が必要と考えました。「市場競争原理」に呑

み込まれず、「学びあい、励ましあい、支えあう」共同保育の理念で「保育の公共性」を求める挑戦です。これまでの保育の蓄積を土台に、ジェンダー平等、「日本国憲法」、「子どもの権利条約」の理念を励みに、「子ども期の発達の特質」を深く理解し、子どもの多様性を尊重し、子どもたち自身の内発性、内的要求にねざそうとする保育です。

開園以来、積み上げてきた保育実践の力、運営の力を次世代につなぎ、子どもたちとともに親も保育者も育ちあっていける異年齢グループ編成を保育の基礎単位とする保育への挑戦です。逆流に抗してどんな試練に遭おうと、子どもたちを護り子どもたちの必要に応え、大人達もともに成長しあえる共同保育への新たな挑戦でした。

この挑戦は、大人たちの働き方、価値観のなかで現実社会に生きる子どもたちが育つ姿から、何を学びとり困難をどう受け止めるか、子ども理解をいかに深めるのか、絶えず問われ続けるものでした。子どもが権利の主体者である保育では、「慣らし保育」ではなく「受け入れ期の保育」と考えること、園生活を新しく始め、その生活を受け入れられるかどうかを決めるのは子どもと親たちです。そして、親子の願いを受け入れ、保育するのは保育者たちです。新しい園生活は三者が互いに受け入れあえてこそ始められます。保育者がたくさんの学びを必要とする「新入園児受け入れ期」の保育開始です。

3 保育の基礎単位を「年齢別」から「異年齢・きょうだい・グループ」に転換

●移行の経過

職員会は、1989年から土曜保育で「異年齢・きょうだいグループ保育」の試みを開始しました。３年間の論議を経て意思決定し、父母会へ提案しました。しかし、徹底した「偏差値教育・評価主義」社会の渦中を生きる親たちにとって、期待を寄せてきたこぐまの年齢別保育を評価しこそすれ、現状を変えることには反対でした。特に５歳児は就学に向けての不安と重なり合意を得がたく、協議に３年を要しました。旧園舎の保育条件未整備のなかでの試行でしたが、５歳児が１・２歳児とのかかわりがうれしく、家に帰って感動して話し続ける姿に親たちが心を揺り動かされ、しだいに願いを共有できるようになっていきました。

●異年齢・きょうだい・グループを保育の基礎単位に

１～５歳という年齢幅の大きさを生かす生活グループを基礎とする保育の特質は、横並びの「できる・できない」の比較や評価ではなく、互いの違いを受け止め、らせん階段を上るように何度でも行き来しながら違いに気づき、学び直しをし、互いを必要とし育ちあうことを可能にしていくことです。実のきょうだいは一緒のグループに組み、他児とともに育ちあうなかで、きょうだいの新たな親密な感情・関係を体験的に学んでいきます。異年齢での関係性は、大人から子どもへ、子どもから子どもへ、子どもから大人へ、大人から大人へと循環していきます。子ども期の発達保障とともに大人たちの学びを助け、保育創造の可能性を広げられるのです。

●子ども期の育ちあいは、学童期から地域へと連なる

変化の速い社会で、「違いを受け入れ、多様性を大切にともに生きる子ども期の育ちあい」保育は、保育者も親も保育室も原則変わらずに卒園児を送り出し、新入園児を受け入れていきます。５年間を見通してゆっくり育ちあう循環型の学びが保障され、それは学童期にも地域社会にも繋がっていきます。親は、わが子が生活丸ごとを通して育てられている保育を通して子どもが育つことの意味を学び、多様性や異文化を受け入れられるようになっていきます。子ども観を深められる保育創造の歩みだしでした。

●園運営の基礎をグループ担当とする

園運営の基礎集団を異年齢・きょうだいグループ担当とし、保育者一人の担当児童数は、7～9名を基本に生活の世話は担当が担います。一部屋に2グループを単位とし、二部屋4グループで一軒のお家（おうち）としました。遊びは部屋を基礎に計画し、幼児を対象とする課業などは保育者の専門性も生かし、おうち単位で検討します。「子どもたち一人ひとりの必要に応える」保育を保障し、全職員が運営の主体者として力を発揮でき、父母との運営委員会の協力も得て園運営を担う基礎単位です。評価主義に陥ることなく、子どもたちの必要に深く心をよせ、五感のすべてを働かせ命を護り育てる生活の営みを文化として継承します。

この保育は、日本国憲法、子どもの権利条約、ジェンダー平等社会実現への新たな保育展望をもち、職員自らの可能性を花開かせ、保育創造を喜びにできる園運営に連なることを願うものでもありました。

●創立30周年記念「異年齢・きょうだいグループ保育のための園舎」建替え

オイルショック時の建築園舎の建替え特別補助金を市が制度化してくれたので、園舎全面建替を決定しました。本格的な異年齢保育実現のためのおうちを軸とした設計です。200名定員の大規模園です。

乳児1・異年齢5の6棟の長屋を廊下でつなぐような園舎とし、一軒には、二部屋、食堂とキッチン、トイレを共有。寝具、衣類ダンスは各部屋にグループ単位で設置しました。また、全園共用のホールに併設し、「子育て・福祉センター」を市の単独補助により設置でき、地域子育てに保育の蓄積を生かし、地域の子育て事情を保育園が学び深められる施設づくりとなりました。職員と父母で設計検討委員会をつくり、子どもたちの意見も聞いて手洗いの高さを決めるなど、あらゆる英知を集め設計者に託しました。異年齢保育転換検討開始から11年の歳月を経て2000年11月新園舎完成、「異年齢・きょうだいグループ保育」の全面開始となったのです。

5章

異年齢保育
——見て学び、かかわって育つ豊かな世界

柿田 雅子

1

「異年齢保育」実施の動きと流れ

異年齢保育と同年齢（年齢別）保育

保育の形態は、大きくは同年齢保育と異年齢保育とに分けられます。

同年齢保育は年齢別保育のことであり、横割り保育ともいいます。本書では同年齢保育、年齢別保育の両方の呼び名を使っています。

異年齢保育は、縦割り保育のほかに合同保育、混合保育、異年齢交流保育、交流保育などともいい、それらの呼びかたにははっきりした定義や違いがあるわけではなく、それぞれの園・施設で実状に合わせてつけている呼び名と考えてよいでしょう。

異年齢保育の年齢の組み合わせは、「３・４・５歳」「４・５歳」「１歳～５歳」「２歳～５歳」「０歳・１歳（またはそれ以上）」と多様であり、集団の人数や規模もいろいろです。また、課題やテーマのある活動は同年齢保育で、そして生活は異年齢保育で、と１日のなかで形態を分けたり、通常は異年齢保育でありながら行事やイベント、プロジェクト活動は期間限定で同年齢保育にしたりするなど状況はさまざまです。プロジェクト活動とは、お店屋ごっこや秘密基地づくりなどのように話しあいを軸に目標や計画をたて、役割分担をしながら取りくむ協同活動をさします。

日本の保育形態は、同年齢保育が主流です。学校教育の同学年クラス編成を背景に、同じような発達状況にある子ども集団には課題設定や指導がしやすいことがあるでしょう。私自身、長いことたずさわってきた保育は同年齢保育であり、実践研究の対象も同年齢保育が中心です。

保育の現場に子どもの姿に宿る「真理」

同年齢の関係は、対等で対話を活発にし、力を尽してわたりあい、同年齢であるがゆえに仲間が発する問いや要求がよくわかり、共鳴し共感し、どんぐりの背比べであるがゆえに答えは自分たちで探して歩く学びのおもしろさをもたらします。失敗は成長のもと、やり直しの過程を大事にします。「一人はみんなのために、みんなは一人のために」の言葉に象徴されるように、肩を組み、仲間や協同への意識を育て、そこでの競争はみんなが力をつけ友だちのがんばりを自分の誇りにするような競争です。そうした実践に鼓舞され、学び学びの道のりで私は異年齢保育に出会いました。

本書は一冊丸ごと異年齢保育の魅力を語り、同時に保育のありかたそのものを問う一冊でもあります。保育に「絶対」はなく、服部敬子さん（京都府立大）は、実践への「修正する勇気」を説きました。真理は保育の現場に子どもの姿に宿ります。なおなおの実践を望むものです。

保育が学校教育の傘下に──教育・保育のありかたをみんなで考えあう

2018年改訂の『保育所保育指針』は、「保育も日本の教育改革の一端を担う」とうたい、乳幼児の学びは学校教育とは姿かたちも内容も同じでないのに、小学校の『学習指導要領』に連結されました。危惧するのは保育の「学校化」です。

現『学習指導要領』は、第一次安倍内閣で成立の「改正教育基本法」(2006年）が下地です。「改正」の二本柱は「愛国」尊重の国家主義と財界リードの新自由主義です。どこまでも利潤と効率を求める新自由主義の経済・政策は、負ければ自己責任の競争をあおり、社会に格差や貧困をもたらしました。評価、競争は人間社会を分断し、孤立や排除が横行します。

学習指導要領が示す学校運営には、上から下へ、トップダウン方式による「PDCA」の導入をはじめ、生産性向上をめざす労働者管理の手法が盛り込まれます。子どもに課すのは、たくさんの約束ごとや「詰め込み」授業、そしてテストです。ここに保育をもっていくのでしょうか。学校が息苦しい。次の文部科学省公表の令和５年度・調査報告はコロナ禍の影響があったにしても深刻です。

不登校：小学生・中学生34万6482人。高校生６万8770人
いじめ認知件数：小・中・高・特別支援学校73万2568件
小・中・高生の自殺：397人

苦しいのは子どもだけではありません。文部科学省による令和５年度の「公立学校教職員の精神疾患による病気休職者数」は、１ヶ月以上の休暇者を含めると1万3045人にのぼります。2020年、ユニセフは、日本の子どもの「精神的幸福度」が先進38ヶ国中、下から２番目の37位と報告しました。

『保育所保育指針』は、従順で何やかや言わない、国が期待する子ども像を「10項目の子どもの姿」にまとめ、評価・達成を保育者に指示しました。「不適切な保育士配置基準」による現場の苦しさは無視して全国一律、保育と子どもの育ちの画一化を推進します。「抑圧する側の人たちがやろうとしているのは、『抑圧されている人の心情を変えることであって、抑圧されている人たちの状況を変えようとしているわけではない』のである」（パウロ・フレイレ）[1]

要領・指針は、本来は現場が参考にする性質のものです。歴史は、教育の管理や統制がいきつく先は戦争であることを教えています。学校教育や保育のありかたはみんなで「考え、対話し、選びとる」こと。これら３点を民主主義３要素といいたい。自治体による保育の「指導監査」は、そこに３要素があるかの確認から始めなければいけないのではないでしょうか。

なぜ異年齢保育なのか

「できる・できない」の比較がしやすい同年齢集団に競争のための競争のスイッチが入るとき、子どもの育ちはどうなるでしょうか。1997年、こぐま保育園が同年齢保育を異年齢保育に変えたのは、経済成長至上主義によって急変する社会の影響をもろに受け、競争と点数化による比較意識が強く働くようになるなど、子どもの育ちに気がかりなようすがみられるようになったことが大きな要因でした。

異年齢保育は、年齢の異なる子どもたちの集団が対象ですから、発達や育ちに違いはあって当然、「多様」が織りなす保育です。能力において比較や競争は意味がなく、保育の転換には違いをむしろ発達の原動力にして、自分も友だちも尊重し、育ちあう関係をつくりたいとの願いを込めたことでしょう。こぐま保育園の保育・運営に長くかかわった谷まち子さんが『多摩福祉会50年誌』[2] に保育と歩みを詳しく述べています。

一方で同年齢保育をしたくてもできない、つまり異年齢保育にするしかない保育施設もあります。年齢別保育には、年齢別クラスの数に見合う担任数が必要ですが、保育士の人数は「子どもの入所数を、受け持つ基準の人数で割る」ことから始まる、長々と複雑な計算式で決まります。入所の４歳児が15人ならば「（４歳児を受け持つ基準の）30人」で割って保育士は0.5人。担任１人の確保はならず、ほかのクラスと一緒にするしかありません。小規模の保育施設や人口過疎地では異年齢保育にせざるを得ず、その状況は増す傾向にあります。

2023年12月国立社会保障・人口問題研究所は、2050年の推計人口を公表しました。98％の市区町村で人口が減少、存続が危ぶまれる自治体がでるとの報道（2023年12月23日「朝日新聞」）です。人口過疎地が全国的規模になるなら今の保育士配置の算出方式は異年齢保育の園をくまなく増やすことになります。幼稚園の教諭配置は、「35人までの１学級に少なくとも専任の教諭１人配置」（幼稚園設置基準）であり、35人とはべらぼうな多さですが、先ほどの４歳児15人をあてはめた場合、最低でも１人の担任教諭が配置され、学級の維持は可能となります。

保育園、幼稚園ともに受け持つ人数の改善はとにもかくにも必要です。合わせて人間をコンマ以下で数えるような計算法は問われなければなりません。受け持ち定数の改善があってもこの算出法によるかぎり、改善の効果がみられないケースがでると専門家は警鐘を鳴らします[3)]。

同年齢保育と異年齢保育のはざまで──保育を拓く

1970年代初頭、同年齢保育を基本とする東京・東久留米市の公立園では、3歳児の入園希望が受け入れ定数をはるかに超える状態が続き、悩みつつ選んだ解決策は、同年齢クラスの一部を異年齢の混合クラスにし、3歳児の受け入れ数を増やすというものでした。すでに幼稚園の異年齢保育の取りくみが発信されてもいました。こぐま保育園が異年齢保育に移行する前のころの話です。

当時を振り返り、その真ん中にいた東久留米市公立園の嶋さな江さんは「年齢別保育をしたかったけれど保育園に入れない子どもたちがいる状況を見過ごすわけにはいかなかった。でも混合クラスの保育について話し合いや実践を重ねるうちにどの子もが豊かに暮らし、自分らしさを発揮して育つことができる異年齢集団の保育の良さが見えてきて、それからは異端視されながらも積極的に異年齢保育に取りくむようになっていった」と述懐します。困難な条件下にあってもひるまず果敢に目前の課題に挑み、子どもの育つ姿に学びながら保育のありようを追求する一群の保育者の姿が彷彿とします。現代にあっては過疎地の保育を拓こうと情熱を傾ける保育者と実践の数々を、寄り添って宮里六郎さん（熊本学園大学名誉教授）が丹念に伝えています[4)]。

同年齢保育が可能であっても異年齢保育を実施する園には、異年齢保育の「意義」に注目する園と、近年の「待機児童問題」解消を契機に見られるようになった、仕方なくの事情に異年齢保育の意義を重ね、両立をもって帆をあげる園とがあるでしょうか。

異年齢保育の先行実践への信頼、さらには期待、もしくは希望

2000年代に入り、急増する保育園入園の要望に対する国の政策は、既設園に子どもを詰め込む「定員弾力化」や、園庭や調理室がなくてよい「分園」設置など予算をかけずに規制をくずして乗り切ろうとするものでした。「子ども子育て支援法」(2015年)は、認定こども園とともにさまざまな規模や形態、運営の保育を制度化し、多元化を押し進めました。この機に乗じて公立園をなくし、営利が目的の企業の運営、参入をはかるなどの一連の政策はショック・ドクトリン、惨事便乗型政策といえます。

待機児童解消に向けては既設園にも対策が求められ、要望の多い0、1、2歳の受け入れ数を増やすがために同年齢保育から異年齢保育に切りかえる園がみられるようになりました。

新設園、既設園ともに異年齢保育への扉をあける際のよりどころとなったのは、まぎれもなく先行する異年齢保育の実践、実績でしょう。見るほどに知るほどに、一面の氷が陽ざしを受けて縁から解けていくように不安や疑問は消えていったのではないでしょうか。大丈夫、異年齢保育。いいかも異年齢保育。これまでの実践研究に信頼を寄せ、ともに保育を創造していく仲間としての連帯をも感じつつ、期待と希望をもって切りかえた園が多かったのではないかと思います。

先だっての都内の幼児保育学習会では、48人中20人が異年齢保育の実施園からの参加でした。

その一方で経営第一、大人の都合が優先の、安直としかいいようがない保育の実態があるのも事実です。年齢の異なる子どもを一緒にしておきさ

えすれば「自然発生」的に助け合い、思いやる子どもが必ずしも育つわけではありません。縦の構造は、年長者に過度の負担を強いたり力の強い者が幅をきかせたりする危うさをもはらむものです。たしかなねらいや計画にもとづく保育者の意図とかかわりがすみずみまでいきわたってこその異年齢保育です。保育者にはどの年齢の育ちもがわかり、人権感覚にもとづく高い専門性が求められます。話しあいや研修、学習は不可欠であり、職員配置の充実や施設、環境の整備も必要です。これらをめざしてはじめて語れる異年齢保育です。

2 異年齢保育で育つ、育てる、育ちあう

縦のつながりで教え、教えてもらい——異年齢集団の「子ども同士の教育力」

異年齢保育の魅力について、山本理絵さん（愛知県立大）は「多様な参加の保障と学びあい」を可能にし、「長期的な見通しをもってゆったりと子どもを見る」ことができ、子どもは「安心して自分が出せ」「異質性・多様性を受容し共感する力」や「自信・自己肯定感」を育てることができると指摘します[5)]。

異年齢集団では年上、年下、同年の子とのかかわりを選ぶことができます。教え教えられる異年齢集団の子ども同士の教育力には目をみはるものがあり、慕い慕われる関係は相手を慈しみ、遊びや生活のいたるところで知恵やかしこさを伴うやさしさとなってあらわれます。

「弱気（よわき）を出す」

東京・阿佐ヶ谷保育園の椙沢聡史さんの実践「４・５歳児の氷鬼」から。

鬼は４歳児。足の早い５歳児をつかまえられないだろうとの保育者の心配をよそに「タッチ！」「うわ！　つかまった」とあちこちで４歳児が５歳児をつかまえ、なんと遊びが延々と続きます。手加減しようと５歳児が相談したようすはどこにもなく、首をかしげる保育者に５歳児が何気なく言うのです。「弱気出してんだ」と。「みな、いい顔で遊び終え、以後、４歳児は少し自信をつけて勝ち負けのある遊びに参加するようになった」とおまけがつく展開です。４歳児は、５歳児の「弱気を出す」という絶妙の心配りを得て楽しさを満喫し、自信と勇気の一歩を踏み出したのでした。

大・小、強・弱などの両極の理解に加え、「うんとできる・ちょっぴりできる」と、その「間」の微妙がわかるようになるのは４歳のころ。５歳ともなればものごとは対極の間、つまり加減の幅のなかにあることを知ります。よく知る相手だから強気・弱気の加減なんてことができるのですね。

「社会・ルール」と異年齢保育の４歳の育ち

東京・椎名町ひまわり保育園の鈴木阿紗子さんの実践は、３～５歳児による「無人島」と名づけた椅子とりゲームです。３、４、５歳それぞれの発達や成長の過程がよくわかります。

椅子をとれずに泣き出す３歳児に５歳児が自分の座った椅子を半分空けて座れるようにし、参加者がいよいよ増えてやはり３歳児が座れなくなると「あそこもすわっていいことにする？」「い～よ！」と次々ルールをつくり変えていきます。鬼が合図する「せーの！」を鬼ではない３歳児が「わたしもいいたい」といえば、「鬼がいうんだけどな……」といいつつ受け入れてやり、３歳児は満足気にゲーム続行。５歳児は頼られるほどに張り切り、リーダー性全開です。

３歳、５歳のわかりやすいふるまいのなかにあって、さて４歳児はどうしているかというと、鈴木さんはルール変更の提案には「何もいわず」、３歳有利のルールになれば「３歳児に取られまいと早く座ろうとし」ていた、とゲームとルールに律儀な４歳児の姿をとらえます。

ルールは、どの人もが心地よくあるための約束ごと。「平等・公平」を原則に、あっちを立てればこっちが立たない問題にもどっちも立つように知恵を絞り、話しあいと納得のうえにつくられるものでしょう。「平和」の具象化といえるでしょうか。他者や集団という「社会」に目を向けはじめ、約束ごとの必要性がわかってくる４歳の時期は、「ルールの前に人は平等」[6] という規範の基本をまず理解し、不正や「ズル」には厳しい目を向けます。けれども理由がわかって納得すれば「ルールのつくり直し」に挑むようにもなります。直球あっての変化球。

「無人島」では腑に落ちない３歳児の「特権」を腑に落とそうと４歳児は頭をグルグルさせていたことでしょう。「何も言わない」のは何も考えていないのではないのです。視力の弱い人が一番前の席なら見えるというとき、前の場所に座るのが見ること、見えることにおいて平等です。そうした理解に向けて懸命に学ぶ４歳児だったのではないでしょうか。

年下の子の育ちに年上の子が寄り添う異年齢保育

砧保育園の永井朋美さんは、「ただ静かに見ているだけ」の４歳児が５歳児に支えられて自信をつけていくようすを伝えてくれました（60頁）。人にどう見られているかを意識するようになる４歳の時期は、あんなふうにやってみたいけどできるだろうか……と新しい課題にままためらいを見せるようになり、「こうすればできる」という手だてと見通しを与えることが必要との指摘があります[7]。だれがそれをするかといえば同年齢集団では主には保育者でしょうが、異年齢集団では少し先行く仲間としての５歳児です。

おぼえがあるからか、４歳児が何にどう困っているのかを察知して助け舟を出し、はたまた水先案内人となっての５歳児の援助です。４歳児は５歳児のすることを見て学ぶ場面も多く、そうなると５歳児の存在そのものが援助でしょうか。ロシアの心理学者、レフ・ヴィゴツキーは、今日、自分一人ではできないことが「よりスキルのある他者」の「援助があればできる」ことに注目し、そこを足がかりに明日は一人でできるようになるという関係性や発展性をとらえて「発達の最近接領域」論を提起しました。異年齢集団の育ちを語るかのようです。

5歳児のわかりやすい成長の姿に比してとかく見えにくいといわれる異年齢集団の4歳児の育ち。内面の育ちは飛躍的です。育ちの「見える化」を考慮し、例えば当番活動で4歳児ができる仕事を分担するなどはスキルを高め、承認を得て自信を持つことにつながるのではないかと思います。

そしてまた1歳児、2歳児の「かみつき」や自分の主張にこだわるいわゆる「イヤイヤ」などの手ごわい問題に異年齢集団はどう関与するでしょうか。それらを越えるには自分の思いを受けとめわかってもらえる体験が必要になりますが、言葉にできない思いをわかろうとしてくれる年上の子と一緒の集団では立ち直りが早いとか、そもそも出現自体がそう強くはないというようなことがあるでしょうか。

学童期の「他者の目の意識」

他者の目の意識は、親からの自立と友だちへの依存に揺れる学童期中ごろから、より複雑に高まっていきます。カッコ悪さを嫌い、友だち選びは友だちはずしを伴うこともあり、率直さはなりをひそめて、思いはかたくなです。自立に葛藤はつきものです。そこに寄り添う学童クラブの指導員や異学年の仲間の存在とかかわりは、この時期の成長に救いとも助けともなるでしょう。3章の学童保育の実践は、ワクワクするような活動が、ひそむ悩みを吹き飛ばしてくれると示唆します。

教えてもらう・探して歩く

こぐま保育園は3歳児集団を「なぜなぜ」さんと呼びます。「『何故か？』

の問いは、子どもたちが認識の主体として育つ扉への鍵」（大田堯）[8] となりますが、その解答を年上の子から得るのと自分たちで探して歩くのと、異年齢、同年齢集団にはそれぞれの到達の仕方があるように思います。

埼玉・公立保育園の上田隆也さんは、同年齢クラスの４歳児27人のリレーの取り組みを実践提起します。リレーしたい！ から始まって、チームの人数は同じでないといけないでしょ、チームが２つでは順番がくるまで長すぎ待ちすぎ、でもバトンの６色に合わせて６チームにしたらバトンの受け渡しが大混乱。じゃあチームはいくつがいいんだ？ と、やっては話しあい、話しあってはやってみて、満足のリレーになるよう追求していきます。まわり道といえばけっこうなまわり道。けれどこの過程でどれだけ仲間との絆が深まり、意欲や主体性、「知・技・体」が育つかをみれば、むしろ通らなければならない道ともいえます。道だって歩かれたがっているかもしれません。

教えてもらうのも自分たちで探求するのもどちらも大事。上北沢こぐま保育園の小堤順子さんは、５歳児が独自の活動、「お泊り保育〜夏祭り」を体験して「ぐんと成長し」、その後、３・４歳児のトラブルにはリーダー性をもってかかわり、１・２歳児をさらにかわいがるようになったと述べています（76頁）。異年齢での体験が同年齢活動を高め、そこでの学びが異年齢のかかわりをさらに豊かにする──。育ちのよりどころを行き来し、山腹をジグザグと九十九（つづら）に折って登ってひとつの頂きに立つとき、獲得する力も見える景色も変わっていることでしょう。

話しあい活動と集団づくり

上田隆也さんは子どもたちの話しあいをとても大事にします。おもしろかったこともやってみたいことも困ったこともクラスで小集団で何かといっては話しあい、わかりあって育つことを大切にしています。子どもの発言に目からウロコの大人がいるといいます。

話しあい活動は、意見が意見を呼び、発想が発想を広げ、「集団脳」が形成されて気づきや発見を豊かにします。個と集団の関係でいえば「その子の意見でみんなが育ち、みんなの意見でその子が育つ」。認識活動の一環である話しあい活動は集団づくりの重要な要素です[10)]。

人は所属する集団の影響を否応なく受けるもの。だからみんなが心地よく過ごし、生き生きと主体的に遊びや生活を創造する集団にしていくことが求められます。自分たちのことは自分たちで話しあって決めていく。幼年時代のこうした体験は、自治と協同を尊重する未来の主権者を育てることになるでしょう。

より支えを必要とする友だちと育つ

こぐま保育園の鈴木彩香さん・針尾政幹さんは、包摂を意味するインクルーシブな環境で小さなころから育つ子どもたちの成長を語ります。(33頁)。支援を要するかずくんが大事にされるのを見て、子どもたちは自分も大事にされると知っていくことでしょう。

さて、散歩に出て、おんぶしてくれるなっちゃんをおんぶしたいかずくん。しょい上げられないけれどもなっちゃんが背なかにくっついてくれてよっこら二人で歩き出し、みんながそのあとに電車ごっこのように続きます。作家の大江健三郎さんは、障害のある長男、光さんをよくおぶって歩きました[9)]。光さんは言います。「そうです。私はパパをおんぶしました」と。いえ、おぶったのはパパなのですが言いあらためません。でも考えてみれば光さんがいるから大江パパも私たちも気づきを深めて打つ手をみつけ、強くもかしこくもなるわけで、私たちは光さんに負われ、育てられているのですね。人を背に人をつなげて歩く光さんにかずくんが重なります。

3

保育は人類、地球を救うか

エッセンシャルワークとしての保育

2020年、新型コロナウイルスが猛威をふるいました。人類学者の山極寿一さんは、人間社会は「動く自由、集まる自由、語る自由」の３つの自由で作られ、その制限が人々に不自由さと閉塞感をもたらしたといいます[11)]。３つの自由は、感染病原菌にとっても拡大、伝播の必須条件です。

「制限」は子どもの体力や運動・認知機能の低下を招き、マスク着用による「失われた表情の時代」をくぐった０～２歳の子どもの育ちが心配されます。してよいのかよくないのかを言葉より大人の表情で察知する乳児にとって、表情は認知育成の大事な要素です。人を見分ける「人見知り」が減ったという話も聞きます。多摩福祉会の経験豊かな保育者からは、発音が不明瞭、主体的な判断や行動を調整する力が弱くなったと感じるという一方で、１～５歳の異年齢集団で育つ低年齢児には言葉の遅れは感じられない（マスクをしていない高年齢児との豊かな表情、言葉のやりとりがあるからか）などの指摘があります。実践現場の感じ方、とらえ方はとても大切です。そこに真実があり、それがあっての科学的解明ですから。

世界をおおう新自由主義の経済活動は、地球環境の破壊や汚染、気候変動を招き、いまや生物、人類、地球の滅亡が懸念されるほどです。進行する環境破壊は、太古より地層深く眠る病原菌をめざめさせ、変異させ、災禍は人間自らが呼んでいるようなものです。

コロナ禍、何がなんだかわからないなかで子どもを守ろうと必死の保育でした。学童クラブは休校の受け皿として子どもの安全と暮らしを守る砦となりました。生活や社会を支えるエッセンシャルワークとは人類の持続を約束する職種をいい、保育は断じて外せません。使命を果たすには果たせるだけの条件整備が必要です。それなくして緊急時の対応はできないと思い知らされた“コロナウイルス”の襲来でした。

「担当制」と戦時下の「母親制度」、そして「子どもの権利条約」

日本の保育園には現行、クラスの大きさ・規模についての基準がなく、個別のかかわりがより必要な０〜２歳でさえ大所帯のクラスが珍しくはありません。こぐま保育園は同年齢保育の時代に海外のメソッドにも学びながら「少人数・担当制」の保育を始め、進展を経て学童保育への導入を図ります。

担当制に限っていえば、かつて戦時下、日本の疎開保育でも考案、実践されました[12)]。敗戦濃厚の、季節は冬にさしかかるころ、３歳からの疎開を決行した保育者が寒さ、空腹、寂しさに泣く子どもたちの“飢餓”をやわらげようと考えついたのが「母親制度」でした。「全体的流れ作業式」の保育をあらため、担当する子どもを決めて昼夜別なく世話をします。添い寝によってひんぱんだった夜尿が止んだというものの、あまりの激務に「制度」は長くは続きませんでした。ただただ平和のなかでの少人数保育の実現と発展をめざしたいものです。

子どもを18歳までと定義する「国連子どもの権利条約」は、第38条に「武力紛争における子どもの保護」をおき、「15歳に満たないいかなるものも軍隊に徴募することを差し控える」などの細則を掲げます（国際教育法研究会訳)。社会福祉法人「育和会」とちの木保育園の園内研修の折、「なぜ15歳か」との声があがりました。「子ども」を兵士にする法律を定める国があることの反映でしょう。兵士がいなくてよい世界だとよいのに。

〈参考文献〉

１）パウロ・フレイレ著／三砂ちづる訳『被抑圧者の教育学　50周年記念誌』（亜紀書房、2018年）

2）社会福祉法人多摩福祉会50年誌編集委員会編『多摩福祉会50年誌』（ひとなる書房、2022年）
3）村山祐一「75年ぶりの配置基準改善提案をどうみるのか」『保育情報No.560』（保育研究所、2023年）
4）宮里六郎編著『里山の保育――過疎地が輝くもう一つの保育』（ひとなる書房、2023年）
5）林若子・山本理絵編著『異年齢保育の実践と計画』（ひとなる書房、2010年）
6）岡本夏木著『幼児期――子どもは世界をどうつかむか』（岩波書店、2005年）
7）神田英雄著『3歳から6歳――保育・子育てと発達研究をむすぶ　幼児編』（ちいさいなかま社、2004年）
8）大田堯著『教育とは何か』（岩波書店、1990年）
9）大江健三郎著『「新しい人」の方へ』（朝日新聞社、2003年）
10）柿田雅子「子どもの育ちと集団づくり」全国幼年教育研究協議会・集団づくり部会編著『支えあい育ちあう乳幼児期の集団づくり』（かもがわ出版、2012年）
11）山極寿一著『森の声、ゴリラの目　人類の本質を未来へつなぐ』（小学館、2024年）
12）久保つぎこ著『あの日のオルガン　疎開保育園物語』（朝日新聞出版、2018年）
・ジャレド・ダイアモンド著／倉骨彰訳『銃・病原菌・鉄（上・下）』（草思社、2000年）
・斎藤幸平著『人新生の「資本論」』（集英社、2020年）

お・わ・り・に

多摩福祉会が創立されたのが1972年12月のことです。翌年にこぐま保育園が創立されました。創立当初は、年齢別保育をおこなっていましたが、1997年より１歳児から５歳児までの異年齢保育実践を開始し27年がたちました。

当初、保護者の方々からは「幼児の子どもたちが乳児棟でどう生活していくのか？ ストレスになるのではないか」「今まで培ってきた子ども同士や大人との関係が変わるのは不安だ」「自分の子のようすを見ても、半年たっても慣れない子だった。乳児から幼児棟に来るときなど、生活の場が変わることは大きな変化だと思うので不安だ」など、さまざまな意見をいただきながらの出発でした。職員も１歳児へのきめ細やかな生活と遊びの保障、また、就学に向けて年長児の活動を充実させていくためにはどうしていこうかと、緊張しながら子どもたちと向きあう日々でした。

そんななか、ある三人の子どもがいるお母さんからこんな言葉をいただきました。「本当に、子どもたちには良い関係が育って、家に帰ってからも、上の子が下の子に絵本を読んであげたり、時にはけんかをしてもちゃんと修復をすることを子どもたちは身につけていて、調整しながらあそんでいける」と話してくれたのです。

別の保護者は連絡帳に「U（小学生）をみていると、こぐまで育ってよかったな～と思うことがいっぱいです。双子（園児）に根気強く話しかけて、私とちがって『ダメ！』とか『おしまい！』とか声を『大』にして叱ることがありません（ないというのはおおげさかも）。ず～っと手を洗っていたYちゃんにお手上げで『Uちゃん、なんとかして～』と頼むと『Yちゃん、おててあらいたいの？ あ！ ほらみてごらん！ おかあさんマンマつくってるよ！Yちゃん、あじみしようか？ みにいこうか？』と上手にやめさせてくれるのです。さすがプロのお手本（先生方）を見て育ち、５年間、異年齢の中で養ってきた力ですね」と記入されていました。

子どもたちの生活はたくさんの不思議にあふれています。日々の生活の中で子ども同士、大人と子どもの多様なかかわりの中でたくさんの経験を繰り返しながら多くのことを学んでいます。たとえ失敗しても周りにいる大人や、仲間に否定されるのではなく温かく受けとめられる経験を通して安心して生活することができるのではないでしょうか。

その一方で国は「幼保小の架け橋プログラム」にある「10の姿」のように、大人の望むような子どもに育てようとしています。子どもたちの育ちを保障するためには保育実践の深めあいと共に、非常に貧しい保育水準の改善にも力を尽くさないといけません。

初代理事長の浦辺史は、教え込んで大人に都合の良い子どもを育てる実践でなく、子ども同士、子どもと大人が伝えあい個性を花開かせる、育ちあう実践を大切にしてきました。

『きもちつながる異年齢保育』は乳幼児期から学童期までの育ちを保育園、学童クラブの子どもたちと、そこにかかわる職員の奮闘をまとめたものです。

「こうすればうまくいく」という実践はありません。子どもの成長は一人ひとりちがいます。だから大変でもあり、楽しみでもあります。

ぜひ、多くの方にこの本を手にとっていただき、子どもたちの未来を語りあう機会になることを願います。

最後に、この企画の提案と最後まで面倒を見ていただいた、法人監事の柿田雅子先生、かもがわ出版の中井史絵さんに感謝を述べさせていただきます。

理事長　安川信一郎

執筆者一覧　＊編集委員

【はじめに】
＊垣内 国光（法人理事・明星大学名誉教授）

【1章】
西田 健太（法人常務理事）

【2章】
＊高橋 博子
田邊 遥香
桑原 七重
鈴木 彩香
針尾 政幹
竹内 もえ
小西 里美
＊中本 琢也
＊大坊 眞希奈
平谷 素子
高野 楓
マクア安達 紘子
＊永井 朋美
椎名 朝美
井原 明子
＊小田桐 智美
小堤 順子
茂木 常禎
三輪 穂奈美
加藤 望

【3章】
＊和田 玲子
岡 真理子
舩越 久美子
今野 若葉
中村 輝
屋良 雅土
笠井 智文
金子 知佳
中村 真理子
渡辺 智士
江藤 龍之介
小山 牧子

【4章】
伊藤 亮子（法人名誉理事）

【5章】
＊柿田 雅子（法人監事・元公立保育園園長）

【おわりに】
＊安川 信一郎（法人理事長）

■プロフィール

社会福祉法人多摩福祉会

1972年に浦辺史を理事長として設立。1973年に多摩ニュータウンの一角に父母との共同的な保育をめざしたこぐま保育園を設立。現在、保育園5園、学童クラブ4施設、放課後子ども教室1ヶ所を運営。
HP(https://tamafukushikai.koguma.or.jp)

きもちつながる異年齢保育
保育園・学童クラブの実践

2025年2月10日　第1刷発行

編集代表／ⓒ垣内国光、柿田雅子
編／『きもちつながる 異年齢保育』多摩福祉会編集委員会

発行者／田村太郎
発行所／株式会社　かもがわ出版
〒602-8119　京都市上京区堀川通出水西入
☎075(432)2868　FAX 075(432)2869
振替　01010-5-12436

カバー・オビデザイン：髙橋哲也
本文イラスト：近藤理恵

印　刷／シナノ書籍印刷株式会社

ISBN978-4-7803-1358-1 C0037　Printed in Japan